Serie de Teoría Jurídica y Filosofía del Derecho N.º 78

Teoría general del derecho

Millard, Éric

Teoría general del derecho / Éric Millard ; traducción de Bernardo Carvajal Sánchez. - Bogotá: Universidad Externado de Colombia. 2016.

192 páginas; 16,5 cm. (Teoría Jurídica y Filosofía del Derecho ; 78)

Incluye bibliografía

ISBN: 9789587725070

1. Filosofía del derecho 2. Argumentación jurídica 3. Derecho natural 4. Teoría del derecho I. Carvajal Sánchez, Bernardo, traductor II. Universidad Externado de Colombia III. Título IV. Serie

340.1 SCDD 15

Catalogación en la fuente -- Universidad Externado de Colombia - Biblioteca
Julio de 2016

ÉRIC MILLARD

Teoría general del derecho

Traducción de
BERNARDO CARVAJAL SÁNCHEZ

Universidad Externado de Colombia

Serie orientada por Carlos Bernal Pulido

Titulo original: *Théorie générale du droit*, Editions Dalloz, Paris, 2006

ISBN 978-958-772-507-0

Calle 12 n.º 1-17 este, Bogotá
Tel. (57-1) 342 0288
publicaciones@uexternado.edu.co
www.uexternado.edu.co

Primera edición: agosto de 2016

Ilustración de cubierta: *Le penseur*, por Auguste Rodin, escultura en bronce, 1903
Composición: Marco Robayo
Impresión y encuadernación: Xpress Estudio Gráfico y Digital S.A.
Tiraje de 1 a 1.000 ejemplares

Impreso en Colombia
Printed in Colombia

CONTENIDO

INTRODUCCIÓN

La teoría general del derecho que aquí se tratará es la disciplina que, en el seno de la filosofía del derecho, tiene por objeto permitir un trabajo científico sobre el derecho. Es evidente que los términos que se acaban de emplear deberán precisarse mejor, pues su uso por juristas y filósofos es relativamente fluctuante. Desde ahora se le advierte al lector que la concepción de la teoría general del derecho así producida tiene definiciones concurrentes, pues estas reposan sobre otros fundamentos. De ahí que a quien proponga cierta concepción de esta disciplina le corresponde siempre justificar su aproximación a ella.

Dentro de la perspectiva retenida para efectos de este trabajo, el objeto de la teoría general del derecho no es (de inmediato) el derecho, sino más bien el discurso producido a propósito del derecho, llamado dogmática jurídica o doctrina. Esta última expresión no reenvía a un cuerpo profesionalizado, en particular universitario, pues más bien designa un conjunto de opiniones que tienen por objeto el derecho, sea lo que fuere que se entiende por tal y cualquiera que sea el estatus de quien emite dichas opiniones. La teoría general del derecho busca darle claridad al lenguaje doctrinal. Para esto, aquella tiene necesariamente una dimensión epistemológica, la cual decide sobre la naturaleza de este lenguaje, sobre todo si es científico, caso en el cual ella debe precisar su objeto, sus métodos y sus condiciones de evaluación. Tiene también una dimensión conceptual que suministra las herramientas intelectuales necesarias a ese lenguaje para permitir el conocimiento. Al respecto, la teoría general del derecho propone, por supuesto, un concepto (o conceptos) de derecho, pero esta conceptualización nunca es separable de la conceptualización de un determinado discurso sobre el derecho, pues al contrario, aquella depende de esta.

La teoría general del derecho se distingue dentro de la filosofía del derecho de la teoría de la justicia porque elabora un discurso sobre los valores: esta última constituye el aspecto ideológico de la filosofía del derecho, mientras que aquella da a conocer una parte de su aspecto metodológico. La teoría general del derecho se distingue también de la metodología jurídica, que apunta a los medios de solución de los problemas prácticos encontrados por los juristas, tales como los métodos de interpretación de los enunciados normativos o los criterios de identificación y resolución de las antinomias, esto es, conflictos entre reglas de derecho, por lo cual no propone un método de la acción, sino un método del conocimiento. No todas las filosofías del derecho aceptan en su seno la idea de una teoría general del derecho; por ello es necesario que esas filosofías admitan de manera previa la hipótesis de un "cierto" conocimiento del derecho, lo que equivale a decir un cierto objeto de conocimiento, a saber: el derecho positivo o el derecho vigente. En aquellas filosofías del derecho que aceptan esta hipótesis la teoría general del derecho constituye el punto de partida que condiciona tanto a la teoría de la justicia como a la metodología jurídica.

La teoría general del derecho es general en dos sentidos. Por una parte, no le concierne el lenguaje que versa sobre determinado sistema jurídico, por ejemplo el derecho francés actual, mas sí le concierne el lenguaje que se refiere a todo sistema de derecho positivo. Ello supone que sus conceptos se adscriben a lo que caracteriza a esos sistemas como derecho positivo, más allá de sus diferencias tanto en su contenido como en su estructura, de derecho escrito o de *common law*. Por otra parte, la teoría general del derecho no se interesa en aquellas teorías que se focalizan en una cuestión particular del derecho, como la teoría del servicio público en el derecho administrativo o la teoría de las obligaciones en el derecho civil, o aun la teoría del impuesto. Estas teorías, cuyo objeto suele ser, por cierto, el derecho positivo más que el lenguaje sobre el derecho, presuponen una teoría general del derecho que trasciende las separaciones entre diferentes disciplinas, en particular entre derecho público y derecho privado, los cuales la tienen en común en tanto que teoría del conocimiento.

Esta especialización funcional de la teoría general del derecho dentro de la filosofía del derecho apareció a partir de los trabajos del filósofo Jeremy Bentham (1748-1832) y del jurista John Austin (1790-1859) en el mundo anglosajón. Luego recibió su formulación clásica en la *Teoría pura del derecho* del jurista austriaco Hans Kelsen (1881-1973) y después se desarrolló con el giro mayor que conoció la filosofía en el siglo XX, en particular gracias al progreso de la filosofía analítica.

La teoría general del derecho se ha convertido, en la mayoría de los países occidentales y después de la Segunda Guerra Mundial, en una disciplina indispensable para la formación del jurista, aun cuando también ha adquirido cierta autonomía en lo que hace a la dogmática clásica. En Francia, su implementación ha sido más lenta, sobre todo por la difícil difusión de la filosofía analítica en el campo de la filosofía general y también por la ausencia de cursos universitarios especializados, a diferencia de lo que ocurre en la mayoría de los sistemas universitarios comparables al francés. Sin embargo, desde hace una treintena de años, bajo el impulso dado por los trabajos de Michel Troper, la teoría general del derecho así concebida se ha ampliado en Francia. Las recientes reformas del pénsum universitario (licenciatura, maestría, doctorado), junto a la complejidad creciente de los debates de ciudadanía que interrogan al derecho (caso de la bioética o de la construcción de una Europa, entre otros), van acompañadas de un interés creciente por la clarificación del discurso que se tiene sobre el derecho.

Ahora bien, reconocemos que el formato limitado de esta obra impide toda pretensión de alcanzar aquel objetivo. Las cuestiones propias de la teoría general del derecho son necesariamente abstractas, complejas y austeras. Requieren un examen largo y minucioso de argumentos, sobre todo si su finalidad es tan importante como práctica: permitir un conocimiento del derecho. Toda teoría es un conjunto de proposiciones que deben ser coherentes para permitir la interpretación de la realidad y la formulación de hipótesis que deben ser verificadas. No existe, como se mencionó al comienzo, una teoría general del derecho sino varias, en ocasiones alejadas unas de otras, las cuales pueden ser perfectamente coherentes y a la vez concurrentes, o que pueden distinguirse por su ámbito o por sus premisas. Desde luego que el lector de esta obra no queda dispensado de consultar por su cuenta aquellas teorías ya formalizadas, que aquí se mencionan[1].

Este sucinto libro se presenta como una iniciación a la teoría general del derecho, destinada a todos los que tienen algún interés en el fenómeno jurídico, cualquiera que sea su nivel (estudiantes, profesionales practicantes, ciudadanos) y cualesquiera que sean sus conocimientos jurídicos: se trata de un medio para entrar al debate teórico. En el sentido filosófico moderno, la teoría general del derecho es una práctica. Se ha querido, por tanto, evitar una aproximación culturalista, consistente en presentar de manera sucesiva diferentes teorías (normativismo, realismo, iusnaturalismo, etc.) como objetos terminados y fi-

1 N. del trad.: el autor agrega que esa tarea es más complicada en caso de no contarse con la traducción sistemática o integral al francés de las obras maestras de esta disciplina, aspecto que eventualmente podría predicarse de otras lenguas.

jos, yuxtapuestos. Al contrario, se ha privilegiado otro camino que consiste en abordar los problemas de la teoría general del derecho desde un punto de vista *precisado*, para seguir así las grandes etapas que toda teoría general del derecho debe encontrar, para extraer también las líneas directrices de *una* teoría general del derecho y para poner al día lo relativo a su coherencia y sus justificaciones, además de las dificultades que esta encuentra. En todo caso, será necesario identificar esas justificaciones respecto de los argumentos propuestos por las otras teorías, y por ello, en cierto modo será necesario precisar el alcance de estas teorías y discutirlas.

La teoría general del derecho aquí propuesta puede considerarse positivista, empirista y analítica. Es positivista desde dos puntos de vista: primero, porque permite una descripción del derecho positivo, sin más precisiones. Luego, porque se reivindica desde el positivismo lógico, en tanto que teoría del conocimiento. Es también una teoría empirista porque permite describir hechos y solo hechos. Por último, es analítica porque moviliza en muchos sentidos un análisis crítico del lenguaje: desde el punto de vista epistemológico, como teoría del conocimiento del derecho (título I), y desde el punto de vista conceptual, como práctica de la actividad cognitiva (título II).

Léase también:

ASMELEK P. (dir.), *Théorie du droit et science*, París, PUF, 1994.

Arnaud, A.-J. (dir.), *Dictionnaire encyclopédique de théorie et de sociologie du droit*, Paris, LGDJ, 1993.

Rials, S. y Alland, D. (dirs.), *Dictionnaire de la culture juridique*, Paris, PUF-Lamy, 2003.

Troper, M., *Philosophie du droit*, colección Que sais-je?, n.° 857, Paris, PUF, 2003.

Troper, M.; Michaut, F. y Grzegoczyk, C., *Le positivisme juridique*, Paris, LGDJ, 1993.

TÍTULO I

TEORÍA DEL CONOCIMIENTO DEL DERECHO

Cuando hablamos intuitivamente del derecho, podemos referirnos a cosas muy diversas. Así, en algunas ocasiones designamos valores que pertenecen a determinado sistema jurídico (el derecho francés, por ejemplo) o que nos parecen universales (los derechos del hombre o la justicia). A veces queremos referirnos a fenómenos ligados al poder de decir el derecho, como el poder de enunciar una regla (el poder legislativo, por ejemplo), el poder de dirimir un litigio o el de sancionar un comportamiento. Otras veces hacemos referencia a un conjunto de reglas que damos por válidas (lo que llamaremos, por ejemplo, el orden jurídico francés y que nos permitirá decir que determinada regla se encuentra o no vigente, o que es aún aplicable). En verdad, el derecho comúnmente entendido tiene que ver con todas esas cuestiones y, tal vez, con otras más.

Cuando hablamos de derecho nos servimos de frases que son proposiciones lingüísticas. Las proposiciones pueden tener diversas funciones: en particular, gracias a ellas podemos describir lo que existe o podemos evaluarlo, o incluso decir lo que debería existir (a estas últimas proposiciones se les llama prescriptivas).

Esas funciones traducen posturas diferentes y que en efecto encontramos cuando hablamos de derecho.

Las proposiciones por las cuales nos referimos así al derecho no tienen todas las mismas propiedades. Respecto de algunas de ellas podemos decir que son falsas o verdaderas. Otras proposiciones, por el contrario, no tienen esta capacidad.

Toda teoría general del derecho debe ofrecer una elucidación del estatus de las proposiciones que esta permite elaborar para poder hablar de derecho. Una teoría general positivista del derecho es, en primer lugar, una teoría de la ciencia del derecho como un conjunto de proposiciones descriptivas (capítulo I). En este sentido, una teoría general positivista del derecho prescribe un método para elaborar proposiciones verdaderas (capítulo II).

CAPÍTULO I

UNA TEORÍA DE LA CIENCIA DEL DERECHO

Afirmar la posibilidad de una ciencia del derecho es algo que no va de suyo. Según algunos juristas, la naturaleza del derecho haría imposible su conocimiento objetivo y que solo pudiera abordarse por medio de un conocimiento (*savoir-faire*) práctico (el arte de lo bueno y de lo justo o el arte de la retórica). En opinión de otros, en cambio, el derecho admite el procedimiento científico; pero existe un desacuerdo sobre si el derecho es una ciencia (prescriptiva, en tanto que ciencia de la buena legislación, de la buena decisión, de la buena argumentación) o si solo es el objeto de una ciencia que lo describe. Los juristas positivistas pretenden que la ciencia del derecho es posible cuando se apoya en este último modelo, que es el de las ciencias naturales. Por ello tienden a proponer distinciones (sección 1) a partir de las cuales estipulan el objeto llamado derecho susceptible de ser descrito de una forma científica (sección 2).

SECCIÓN 1
DISTINCIONES

La idea misma de una teoría del derecho como parte de la filosofía del derecho cuyo objeto es posibilitar una ciencia del derecho supone clarificar las relaciones entre filosofía y ciencia, por una parte (I), y distinguir, por otra parte, la ciencia del derecho de su objeto mismo (II).

I. Filosofía y ciencia

A partir de tres cuestiones prácticas para todo jurista (A) se puede mostrar que hay dos concepciones posibles de las relaciones entre la filosofía y la ciencia, las cuales están efectivamente desarrolladas (B y C).

A. Algunos problemas ligados al conocimiento jurídico

Sin duda los juristas se hacen con frecuencia preguntas del siguiente tipo: ¿cuál comportamiento (es necesario) adoptar? ¿Qué es lo justo? ¿Qué es el derecho, o el Estado, o el contrato? Por más importantes que sean esas preguntas, ellas no pueden resolverse científicamente, pues sus respuestas no pueden considerarse ni verdaderas ni falsas.

1. El conocimiento práctico-moral

¿Es posible conocer qué es lo que debemos hacer? Una pregunta de este tipo puede recibir diversas respuestas, según el sentido en el que se la entienda.

Puedo preguntarme cuál comportamiento debo adoptar para obrar conforme a derecho. Por ejemplo, qué debo hacer si recibo un mensaje que me comunica una información que entiendo como una orden (pagar un impuesto). Puedo también preguntarme cuál vía jurídica corresponde mejor a lo que busco, es decir, cuál comportamiento debo adoptar para alcanzar un fin determinado: por ejemplo, en materia de responsabilidad médica, optar por la acción penal en lugar de la acción civil porque la carga probatoria sería más ligera. Por último, puedo preguntarme lo que debería hacer para afrontar una situación determinada que puedo evaluar de manera positiva o negativa; por ejemplo, las dificultades de circulación en una gran ciudad.

Los dos primeros sentidos evocados no tienen el mismo alcance que el último. Podría parecer evidente que las respuestas a la pregunta tomada en los dos primeros sentidos derivan del conocimiento: conocimiento de la existencia de un sistema jurídico y conocimiento de su contenido. Sin embargo, si se piensa en el adagio que dice "la ignorancia de la ley no sirve de excusa", este permite suponer desde ahora que este conocimiento sería en realidad una presunción. Además, el conocimiento de la prescripción me permitiría eventualmente, en el primer sentido, saber lo que debería hacer para actuar de conformidad con determinado sistema jurídico, lo que no me permite responder a la pregunta ¿qué (debo) hacer?, sobre todo en aquella hipótesis en la que yo deseara al mismo tiempo obrar conforme a otros sistemas prescriptivos (morales o religiosos, por ejemplo, suponiendo que no estuviesen exentos de contradicción con el sistema jurídico considerado).

Si pensamos ahora en el segundo sentido propuesto, la apreciación del fin que busco no depende de mi conocimiento del sistema jurídico, puesto que ya puedo saber que para aligerar la carga de la prueba debo optar por la acción penal. En este caso es claro que debo querer facilitarme la carga de la prueba, aunque otras razones (como el carácter ofensor contra el médico en la acción penal) pueden hacerme preferir otros fines. Todas estas respuestas presuponen entonces un juicio de parte de quien se interroga, es decir, implican un acto de voluntad. Están condicionadas por este acto de voluntad y, por tanto, no provienen solo de un acto de conocimiento. Esas son preguntas prácticas que se le presentan tanto al ciudadano como al jurista profesional, por ejemplo a un administrador o a un juez cuando deben decidir un caso.

La cuestión, tomada en su tercer sentido, puede así mismo concernir al ciudadano que se forma su opinión. Sin embargo, tiene un significado jurídico particular, pues es la pregunta esencial de la reglamentación en sentido amplio: ¿cuál prescripción general (ley o reglamento, por ejemplo) deben adoptar las autoridades del derecho? El ejercicio de esta competencia tiene en cuenta el conocimiento de ciertos hechos, pero supone así mismo una evaluación de estos. Por eso no es tampoco el resultado de un puro acto de conocimiento: aunque puede conocerse lo que es (los hechos en cuestión), no puede conocerse de manera directa (por la experiencia o por la razón) ni indirecta (por derivación lógica a partir del conocimiento de los hechos) lo que debe ser. Esta imposibilidad lógica fue planteada por el filósofo escocés David Hume en el siglo XVIII y la que los teóricos positivistas denominan *ley de Hume*, esto es, la imposibilidad de derivar lógicamente una proposición prescriptiva a partir de una proposición descriptiva. La enunciación de un deber ser resulta solo de un acto de voluntad, es decir, de un juicio sobre hechos. Y para que ese juicio produzca efectos jurídicos, es necesario que se cumplan ciertas condiciones con respecto a quien juzga (la competencia jurídica): *auctoritas, non veritas, facit legem* (Hobbes).

Ahora bien, la ley de Hume no es aceptada por todos los que se interesan por el derecho. Algunos enfoques consideran que la cognición ética es posible, sin demostrar sin embargo en qué consiste o cómo sería. La ley de Hume delimita las dos corrientes esenciales de la filosofía del derecho: la corriente positivista, que la acepta, trata al derecho como un conjunto de normas expedidas por autoridades humanas (debe indicar cuáles actos de voluntad y de cuáles autoridades humanas se consideran pertinentes); y la corriente iusnaturalista, que no la acepta, trata al derecho como un conjunto de principios éticos que existen de manera independiente de su enunciación por las autoridades humanas (debe entonces indicar de manera especulativa cuáles son esos principios y cómo pueden descubrirse).

2. El conocimiento axiológico

¿Es posible conocer lo que es justo o injusto? Esta pregunta prolonga los cuestionamientos sobre el conocimiento ético.

Lo justo (o lo injusto, como el bien y el mal, lo bello y lo feo) constituye un valor. ¿Cómo ese valor puede ser objeto de conocimiento? Cuando decimos que tal ley o tal acción es justa (o injusta), ¿conocemos una propiedad de esta ley o de esta acción que podamos comprobar al evaluarla, o bien le atribuimos un valor a esta acción?

Con seguridad, podemos conocer los juicios de valor que ya se han realizado. Cuando, por ejemplo, comprobamos que el hecho de matar a alguien es reprimido por numerosas normas, en numerosos sistemas normativos (jurídicos, morales o religiosos), conocemos la valoración a la que se procede en esos sistemas normativos con respecto al hecho de matar. Pero también podemos conocer, al estudiar las mismas normas de los mismos sistemas, o de otros, el hecho de que matar no es siempre valorado de forma unánime como injusto (la pena de muerte, la guerra o la legítima defensa dan matices a la valoración). Comprobamos, entonces, que no es la acción en sí misma la que es justa o injusta, sino que solo lo será después de que un juicio de valor la haya declarado justa o injusta.

Así, los valores se parecen más a la expresión de preferencias, que pueden ser compartidas de manera amplia (de ahí la intersubjetividad), que a propiedades objetivas comprobables. Los valores canalizan la reacción emotiva de un sujeto con respecto a una acción. Calificamos como bueno, bello o justo lo que nos procura placer, y como malo, feo o injusto lo que nos desagrada.

Por ende, el conocimiento de los valores jamás puede ser directo. Lo único que podemos conocer son los juicios de valor. Según la teoría del derecho, se desprende que no podemos evaluar una ley o una acción en función de valores de justicia, sino solo describir los juicios de valor que han llevado a cabo las autoridades (en una ley, por ejemplo) o evaluar una acción determinada de acuerdo con los juicios adelantados por esas autoridades.

3. El conocimiento ontológico

¿Qué es el derecho, el Estado o un contrato? Solo es posible responder de manera científica a esas preguntas refiriéndose al uso de esos términos en un lenguaje determinado.

El concepto de Estado, por ejemplo, no tiene el mismo sentido en historia, en ciencia política o en teoría jurídica. El concepto de contrato reenvía tal vez a cosas diferentes en el derecho positivo francés y en el derecho romano. A partir del conocimiento de ciertas normas (el derecho romano, el derecho positivo francés), puede decirse que constituye un objeto para esas normas. Pero esto no nos proporciona una definición del objeto mismo. Cuando los juristas hablan de contrato, o de Estado, o de derecho, utilizan un concepto que han creado para dar cuenta de las normas que estudian; ellos les dan claridad, apoyándose en esos conceptos, a las palabras empleadas en la lengua del sistema normativo al que pertenecen, pero no buscan definir la esencia de una cosa que existiría de forma independiente de esas normas.

Los conceptos de derecho, de Estado, o de contrato, por ejemplo, corresponden entonces a técnicas de expresión, útiles al jurista. Es poco probable que se refieran a objetos reales de los que pueda conocerse su naturaleza.

B. La construcción clásica de la separación entre ciencia y filosofía

Los progresos históricos ligados a la toma de conciencia sobre la especificidad del conocimiento científico han generado un fenómeno de especialización de las disciplinas y de reducción del campo del saber. La ciencia, entendida como descripción de lo que es, de lo que existe, se ha dotado de protocolos de conocimiento y de validación de sus métodos y de sus resultados, en función de verdad. Deja de lado cierto número de interrogantes a los que no puede responder de acuerdo con esos protocolos.

Esos interrogantes han sido perseguidos en el campo clásico de la filosofía, metafísica o especulativa. Por otro lado, la filosofía así comprendida aporta respuestas que no pueden ser validadas en el mismo sentido, es decir, el del conocimiento objetivo.

La filosofía clásica del derecho, llamada también en ocasiones filosofía del derecho de los filósofos, aunque sea también practicada por los juristas y aunque todos los filósofos que se interesan a las cuestiones ligadas al derecho no la practiquen, se ha esforzado por construir sistemas especulativos que tienen en cuenta aquellas cuestiones que hemos considerado: cuestiones éticas y, más en particular, axiológicas u ontológicas, o ambas. Los *Principios de la filosofía del derecho,* de Hegel, o la *Filosofía del derecho,* de Michel Villey, en un género diferente, son perfectamente representativos de este proceder. Este se sitúa en las antípodas de una teoría del derecho, sin agotar la tarea filosófica.

Ello obedece a que tal concepción de una filosofía metafísica, distinta por sus ámbitos y métodos de la ciencia, fue criticada a raíz de la redefinición de las tareas propias de la filosofía propuesta por la corriente (de la filosofía) analítica.

C. La redefinición de la filosofía (analítica) como teoría de la ciencia

De acuerdo con la filosofía analítica, que apareció entre los siglos XIX y XX y que se impuso a lo largo del último siglo como una alternativa fructífera a la filosofía especulativa, la filosofía no se opone a la ciencia, sino que, por el contrario, participa de la labor científica. La teoría analítica del derecho tiene entonces como función permitir la constitución de una ciencia del derecho, y en función de ese objetivo ella puede evaluarse.

1. La filosofía analítica

La filosofía analítica propone una relación con la ciencia que no se funda en la división de campos donde correspondería a la ciencia la descripción empírica del mundo, y a la filosofía la especulación metafísica. En puridad, la filosofía analítica no busca establecer un *corpus* de conocimiento separado de la ciencia ni válido por fuera de toda referencia a la verdad. Pretende ser una práctica de la actividad científica, es decir, busca proporcionar herramientas, sobre todo lingüísticas o conceptuales, necesarias para la labor científica.

Esta concepción de la filosofía encuentra su origen moderno en el lógico alemán Frege (1848-1925), luego en los trabajos fundadores del matemático inglés Bertrand Russell (1872-1970) y en el filósofo austriaco Ludwig Wittgenstein (1889-1951), aun cuando el estudio de su origen podría remontarse más atrás, por ejemplo, en algunos planteamientos kantianos. Esta filosofía se desarrolla en diversas direcciones, que van del positivismo lógico del Círculo de Viena a la filosofía del lenguaje ordinario de la Escuela de Oxford, y pueden añadirse corrientes filosóficas cercanas, como el pragmatismo estadounidense o la filosofía sueca del derecho. Esta no ha dejado de renovarse desde sus orígenes, gracias sobre todo a los trabajos de Quine (1908-2000) o de Putnam (nacido en 1926), sin renunciar a la voluntad de ser una práctica.

La filosofía analítica, al menos en su sentido original, pretende, según la expresión de Wittgenstein, decir lo que es decible y callar "aquello de lo que no se puede hablar", esto es, de lo que no se puede hablar con proposiciones verdaderas. Entonces no concibe el conocimiento sino como algo fundado en la experiencia (principio del empirismo y *test* de verificación) o sobre la estructura analítica de las proposiciones (clarificación del lenguaje). Mientras que el principio del empirismo reenvía de manera prioritaria a la ciencia misma, comprendida en su sentido clásico, el trabajo analítico corresponde ante todo a la filosofía.

2. Objetivo de una teoría analítica del derecho: permitir una ciencia del derecho

Una filosofía del derecho que se apoya en un fundamento analítico, es decir, una teoría analítica del derecho, busca permitir la constitución de una doctrina jurídica como ciencia, esto es, permitir la descripción de un objeto. Se parece más a una teoría del derecho de los juristas que a una filosofía del derecho de los filósofos, pues en efecto no puede concebirse sin el vínculo con la dogmática jurídica. Constituye el metalenguaje doctrinal, es decir, un lenguaje que versa sobre el lenguaje doctrinal.

Toda teoría científica constituye de cierta manera una propuesta de interpretación del mundo. Es posible, a partir de su fundamento, formular hipótesis destinadas a ser verificadas, es decir, formular también proposiciones descriptivas de ese mundo y que pueden ser verdaderas. Una teoría del derecho es una propuesta de interpretación del derecho existente, esto es, del derecho positivo. Ella proporciona las herramientas lingüísticas y los métodos necesarios para la formulación de hipótesis verificables y, por tanto, de proposiciones de derecho que resulten verdaderas.

Es evidente que, en parte, esas herramientas dependerán del objeto que se ha de describir y, por consiguiente, del sistema de derecho positivo considerado: el derecho positivo francés o el derecho positivo inglés, por ejemplo, no necesitan exactamente las mismas herramientas conceptuales para describir el derecho de *Torts* y el de la responsabilidad civil. Pero, en parte, esas herramientas serán generales, es decir, conciernen al derecho positivo sin más precisión. Son las proposiciones relativas a esas herramientas y métodos las que constituyen la teoría analítica general del derecho.

3. Evaluación de una teoría del derecho

Una proposición con respecto a una teoría del derecho no puede ser ni verdadera ni falsa en el mismo sentido empleado cuando se dice que una proposición empírica es verdadera. Una proposición de la teoría del derecho y un conjunto de proposiciones, esto es, una teoría, no son verificables.

Existen muchas teorías generales del derecho disponibles, y muchas de ellas se presentan como una práctica analítica. Lo que llevaría a privilegiar una teoría sobre otra resultará de considerar dos factores: por un lado, su coherencia lógica, y por otro, su valor heurístico.

Una teoría general del derecho no puede cumplir con su programa si no está constituida sobre proposiciones lógicamente atadas las unas a las otras, es decir, cuando no es contradictoria o incoherente. Este imperativo de coherencia no supone la completitud. Es del todo posible que una teoría no permita describir todas las cuestiones que plantea su objeto. Las teorías analíticas del derecho, sean de inspiración normativista o de inspiración empírica (las llamadas teorías realistas), casi siempre son coherentes en sus principales directrices. Pero esta coherencia les impide tratar con la misma importancia aquellas cuestiones que pueden parecer de igual importancia a los ojos de quien quiere conocer el derecho. Así, una teoría normativista no tendrá lugar para una descripción jurídica de la efectividad del derecho (que reenviará al campo de la sociología), mientras que una teoría empirista no podrá tratar *directamente* la aplicación del derecho (al comprender la norma como producto de una interpretación).

Entre teorías igualmente coherentes e incompletas, solo las cuestiones relativas a la estrategia buscada por el sujeto pueden conducir a una preferencia. Puede tratarse de una estrategia científica: ¿permite la teoría un programa descriptivo? Lo que supone de quien la evalúa, que acepta y busca ese programa, prohibiéndose recurrir así a filosofías especulativas o prescriptivas. Ahora, ¿cuál tipo de objeto permite describir la teoría? ¿Las significaciones posibles de los actos de voluntad de algunas autoridades (significaciones prescriptivas de sus enunciados), por ejemplo, o bien las significaciones que efectivamente tienen otras autoridades y que han usado en la práctica para decidir un caso (interpretaciones hechas por ciertos jueces, o ciertas autoridades políticas o administrativas), o aun otra cosa distinta?

Esta estrategia científica no es del todo separable de una estrategia de tipo político: al hablar del derecho, ¿sobre qué pretendemos poner énfasis? ¿Sobre escogencias políticas efectuadas por las autoridades legítimas con respecto a una teoría política oficial, por ejemplo, la teoría de la separación de los poderes en un sistema político democrático (el constituyente, el legislador), aunque tales escogencias estuviesen en ocasiones desprovistas de efectos? La importancia de esta descripción está en el hecho de hacer más efectivas esas escogencias si ellas se explicitan. ¿O se pondrá énfasis en la complejidad de los fenómenos de los poderes en el sistema jurídico, por medio de la deconstrucción de las teorías políticas oficiales, mostrando cómo esas escogencias se efectúan también en lugares distintos de las sedes oficiales del poder?, por ejemplo, en los tribunales, si se supone que el juez, según la teoría oficial de la separación de los poderes, no es más que una autoridad de aplicación de la ley. Aquí, el interés de la descripción residiría en el hecho de buscar hacer más visible un poder que ha sido ocultado o minimizado.

Sería ingenuo creer que la constitución de un conocimiento objetivo, en tanto que ideal de la ciencia, no da cabida en esos campos –y solo en esos campos– a consideraciones políticamente determinadas.

II. Derecho y ciencia del derecho

La ciencia del derecho no es el derecho. Se diferencia del derecho de la misma manera como toda ciencia se diferencia de su objeto. Sin duda, este objeto no es un objeto natural, ni tampoco físico; pero otras ciencias pueden tener objetos del mismo carácter, como las ciencias sociales o las ciencias del lenguaje. El derecho se nos presenta ante todo como un lenguaje (un conjunto de proposiciones lingüísticas), por lo que es indisociable de la comprensión de una forma de comunicación.

La ciencia del derecho tiene por objeto el derecho, bajo el entendido de que lo describe. Hay entre el derecho y la ciencia del derecho una relación de la misma naturaleza que la relación que existe entre la teoría del derecho y la ciencia del derecho: una es, con respecto a la otra, un metalenguaje. El derecho es para la ciencia del derecho un lenguaje-objeto. En cambio, esas dos relaciones pueden distinguirse porque la teoría del derecho tiene (al menos una parte de ella) una dimensión prescriptiva: la prescripción de las reglas epistemológicas constitutivas de la ciencia del derecho. La ciencia del derecho, según esas reglas constitutivas, abarca solo una dimensión descriptiva del derecho.

La distinción del derecho y de la ciencia del derecho, es decir, de dos lenguajes, supone que cada uno pueda caracterizarse de manera diferente (A y B), y dicha caracterización hace que aparezcan criterios de evaluación diferentes (C). La distinción permite tomar conciencia de la importancia de una ciencia del derecho (D).

A. Características del derecho como producto de la voluntad

Las proposiciones del derecho son las prescripciones (1). Esas proposiciones expresan también valores (2), que pueden diferir en el tiempo y en el espacio. Las proposiciones del derecho traducen así las preferencias de una autoridad, pues son la expresión de una voluntad. En una teoría general del derecho positivo, las modalidades estructurales de expresión de esas preferencias son más características que su contenido material (3).

1. El derecho como conjunto de prescripciones

Existen diferentes concepciones de lo que denominamos derecho. Algunas veces se habla de reglas de conducta; otras, de un modelo para la acción. Se puede también hacer referencia a una cierta idea de justicia; a menudo se le reconoce como la expresión de cierto orden social, político o económico. Esas concepciones se proponen de manera alternativa o con frecuencia de manera articulada, reenviando a dos o más de esas concepciones o incluso a otras más. Una teoría general del derecho, por supuesto, debe indicar lo que se entiende comprendido en el objeto llamado *derecho*. Pero aquello no es tan importante como parece. También es importante considerar que esas concepciones obedecen por igual a la recepción de las proposiciones propiamente jurídicas, formuladas por las autoridades encargadas de su implementación y por los miembros de la respectiva sociedad; salvo que se pretenda buscar una ontología "pesada" ante la cual la labor teórica se haga impotente (*cfr. supra*).

Cualesquiera que sean las concepciones escogidas, todas se apoyan en la idea de que las proposiciones del derecho son prescripciones. Estas expresan algo que proviene de lo que debe ser y no de lo que existe. El vocabulario jurídico ordinario hace eco de esto. Se habla por ejemplo de obligaciones, de fuerza obligatoria, de carácter obligatorio, o de permiso, de habilitación, o incluso de derechos (en plural). Se dice que el derecho es un conjunto de derechos y de obligaciones, que resultan de proposiciones prescriptivas: el derecho es un deber ser (con frecuencia se acude al concepto de *Sollen*, retomándose el vocabulario de la filosofía alemana y la teoría jurídica de Kelsen). Las concepciones evocadas difieren en cuanto a la comprensión de ese debe ser (*cfr. infra*), pero no en cuanto al carácter de las proposiciones por medio de las cuales lo conocemos.

Decir que las proposiciones del derecho son prescripciones dirige en primer lugar la atención hacia el significado de ciertos enunciados, sean escritos o verbales. A decir verdad, los enunciados jurídicos (el texto de una Constitución, de una ley, de un contrato, etc.) no tienen siempre y de inmediato el sentido de una prescripción. Aunque a veces también sucede que la forma lingüística no da lugar a otros significados distintos de una prescripción, por ejemplo en el caso de una orden, como cuando la autoridad pública ordena disolver una manifestación, o cuando se trata de una condena penal. Sin embargo, lo que ocurre con más frecuencia es que existan varios significados posibles. Tomemos por ejemplo el artículo 1.° de la ley del 9 de diciembre 1905 sobre la separación de las Iglesias y el Estado, que dispone: "La República garantiza la libertad de conciencia. Se asegura el libre ejercicio de cultos, solo bajo las restricciones que se adoptan a continuación en favor del orden público". El texto en sí puede tener un significado descriptivo, que se refiere al comportamiento real o efectivo de las autoridades que se entiende son las de la República. Ese comportamiento es verificable y podemos pronunciarnos sobre la verdad de la aseveración. Pero el texto puede tener también un significado prescriptivo (o varios), ya que puede significar que "la República *debe* garantizar la libertad de conciencia..."; y puede entenderse como una orden dirigida a las autoridades de vigilar que esa libertad de conciencia sea garantizada o también como una orden dirigida a los miembros de la sociedad que les prohíbe atentar contra la libertad de conciencia.

Evidentemente, no se puede decir que esa orden sea verdadera o falsa. Cuando más, debemos interrogarnos sobre las razones que nos hacen comprender que el enunciado está dotado de un significado jurídico, es decir, que es una prescripción del derecho. Sin duda percibimos el significado jurídico del enunciado porque lo interpretamos de acuerdo con otras prescripciones. Esto no puede desligarse de nuestra comprensión de quien enuncia: es decir, no hay una orden si no hay una autoridad con mando, y no hay una orden o mandato de tipo jurídico si no es porque la autoridad que ordena es jurídica. Encontramos aquí una circularidad que toda teoría general del derecho debe resolver (*cfr. infra*, tit. II, cap. I). Al significado prescriptivo de un enunciado se le llama *norma*. El derecho es así, en una teoría general del derecho, un conjunto de normas.

2. El derecho como expresión de valores

Las normas jurídicas expresan evidentemente valores. Quien ordena quiere alguna cosa. Prescribir, querer lo que debe ser, es decir, esa concepción de lo que es justo, o de lo que es útil, o de lo que es necesario, etc. (la paleta de calificativos de los que nos servimos para presentar como objetivas nuestras preferencias es infinita). Es tomar una decisión en favor o en contra de determinado comportamiento.

Los conjuntos de normas pueden expresar valores muy diferentes: por ejemplo, no en todos se dice que la libertad de conciencia debe garantizarse. Un conjunto de normas puede que no exprese valores constantes: algunas normas que lo componen pueden afirmar valores diferentes al mismo tiempo (lo que algunas veces se traduce en una antinomia, pero no de manera sistemática, como lo veremos) o de manera sucesiva. Esos valores constituyen una forma de ideología oficial (los valores oficiales de una sociedad), y la definición de esos valores es evidentemente el mayor desafío para las formas modernas de la política. Desde un punto de vista práctico, la descripción de esos valores por la ciencia del derecho es esencial. No obstante, desde un punto de vista de teoría general del derecho, tomar en cuenta los valores expresados no es directamente decisivo. La ciencia del derecho, descriptiva (y sobre todo descriptiva de los valores tal como son expresados), no evalúa esos valores. No puede entonces tenerse como criterio decisivo para la identificación del derecho.

3. El derecho como conjunto estructurado de normas

Si la teoría del derecho es general, debe permitir describir todo el sistema jurídico. Para retomar una frase célebre de Kelsen: ser "una teoría del derecho positivo en general; sin otra especificación". Esta no depende de las características de un sistema de derecho positivo determinado; por el contrario, insiste en las caracterizaciones de todo sistema de derecho positivo. Pone en evidencia lo que es común a ellos y no lo que les diferencia.

De los dos puntos precedentes resulta que el derecho para una teoría general del derecho es un conjunto de prescripciones que expresa valores (punto común), cualesquiera que estos sean. Hablar de un conjunto significa que esas normas guardan relación unas con otras, esto es, que constituyen una unidad. Una primera comprensión de esa relación se encuentra en la afirmación de que entendemos el significado prescriptivo de un enunciado de acuerdo con otros significados prescriptivos. El derecho es un conjunto de normas que por sí mismo regula su modo de producción de normas. Por ejemplo, cuando sabemos que el texto del 9 de diciembre de 1905 es una ley, es decir, que ese texto fue adoptado por un órgano (el legislador), lo comprendemos como una prescripción. Pero sabemos que este órgano es el legislador y que el texto adoptado según este procedimiento es una ley porque nos referimos a otra norma (en realidad a varias normas derivadas de las leyes constitucionales de 1875). En un sentido, decir que una norma condiciona otra norma implica una relación de jerarquía. El derecho es un conjunto de normas jerarquizadas. Parece evidente que esta concepción no vale para todas las normas: una teoría general del derecho debe indicar lo que nos permite concebir la primera norma jerárquicamente primera como una norma. Pero sobre el fundamento de esta norma, es posible comprender una estructura jerárquica que condiciona y clasifica los significados prescriptivos de los enunciados: en qué condiciones un enunciado tiene un significado jurídicamente prescriptivo y cuál(es) significado(s) prescriptivo(s) constituye(n) norma(s) perteneciente(s) al conjunto. Naturalmente, ese criterio es relativo, puesto que depende de una norma determinada dentro de un conjunto definido. Por otro lado, una pluralidad de conjuntos de normas, y en especial los conjuntos que se denominan "derecho positivo", tienen, con un grado variable de complejidad, una estructura idéntica. Por consiguiente, es el análisis de esta estructura el que es importante para la teoría general del derecho.

Un conjunto estructurado de normas constituye un ordenamiento o un sistema jurídico. El empleo de los dos términos no es uniforme, pero la distinción entre los dos es necesaria. Por una parte, podemos referirnos al conjunto de normas que en un mismo momento, un instante *t* determinado, pertenecen a un mismo conjunto: se habla en ese caso de normas vigentes. Por otra parte, podemos referirnos al conjunto de normas que están o han estado vigentes en la misma primera norma jerárquica. Este último enfoque permite superar una concepción estática que solo incluiría el contenido material de las prescripciones para abordar desde un punto de vista dinámico cómo se efectúa la producción de normas (desde su creación hasta su desaparición). En el ejemplo de la ley de 9 de diciembre de 1905 en particular, se trata de comprender por qué su significado prescriptivo se mantiene hoy como norma jurídica, no obstante que las leyes constitucionales de 1875 ya fueron derogadas.

B. Características de la ciencia del derecho como producción de un saber

El derecho así concebido es un sistema normativo descrito por la ciencia del derecho. Esta descripción es un acto de conocimiento, lo que debe precisarse.

1. Dos tipos de proposiciones cognitivas

Una teoría del conocimiento debe indicar cuáles son los tipos de proposiciones cognitivas que admite. El análisis del lenguaje permite distinguir dos tipos de enfoques cognitivos (y a decir verdad, no es seguro que se pueda hablar en el mismo sentido de conocimiento para ese propósito).

Un conocimiento empírico es un conocimiento relativo a los hechos. Una proposición empírica es una proposición relativa a los hechos, y por tanto verificable o desvirtuable, según un protocolo de verificación ligado a esos hechos (y no al uso del lenguaje). Así, se puede afirmar que es verdad que existe una ley de 9 de diciembre de 1905 relativa a la separación de las Iglesias y Estado, pero que es falso que existe una ley de 25 de abril de 2025 frente a esta misma cuestión, lo que puede verificarse materialmente. Un conocimiento analítico es un conocimiento conceptual: se refiere al sentido de las palabras y supone una tarea de clarificación.

Una proposición analítica es necesariamente verdadera en razón de su estructura (si no es verdadera, es de lógica inconsistente) y del sentido de las palabras que la componen. Por ejemplo, si se define la ley como el acto expedido por el legislador según el procedimiento legislativo, es necesariamente cierto que la ley de 9 de diciembre de 1905 es una ley y que las leyes constitucionales de 1875 no lo son. En ese caso, no hay proceso de verificación posible. Una proposición analítica no puede ser falsa, pues o es una proposición (necesariamente verdadera) o es contradictoria y no es una proposición.

Está claro entonces que solo las proposiciones empíricas son, en pleno sentido, científicas. Por otro lado, es también cierto que se requiere el enfoque analítico para referirse a hechos (dado que necesitamos los conceptos y que este enfoque implica una reflexión teórica), sea que se trate de una teoría general del derecho o de teorías particulares tales como la teoría del contrato o la teoría de la legislación. Al conocimiento que se apoya en el enfoque analítico y relativo a los hechos se le conoce comúnmente como un conocimiento sintético. Pero ese saber sintético se funda en primer lugar en la experiencia (en definitiva, es empírico).

No se puede hablar de ciencia del derecho sino en el sentido de un enfoque empírico. Una teoría general del derecho debe identificar los hechos a los que ella puede referirse (*cfr. infra*, sección 2).

2. La ciencia del derecho como descripción

Decir que la ciencia del derecho describe el derecho que existe es particularmente ambiguo. Debe quedar claro por ejemplo que el significado descriptivo del artículo 1.° de la ley de 9 de diciembre de 1905 no podría ser, sin mayor justificación, una proposición de la ciencia del derecho. Así, establecer si la República garantiza en la práctica la libertad de conciencia o no es tan difícil como describir el derecho existente frente a la cuestión de la libertad de conciencia. Si el derecho es un conjunto de normas, son esas normas las que deben ser descritas.

Decir que la ciencia del derecho describe el derecho vigente quiere decir muy probablemente que la ciencia del derecho describe los significados prescriptivos de los enunciados jurídicos (por ejemplo, el significado "la República debe garantizar la libertad de conciencia"). Lo anterior no podría limitarse a la paráfrasis de enunciados susceptibles de diferentes niveles de significación ni a una descripción de cualquier enunciado o de cualquier significado. La descripción que puede realizar una ciencia del derecho supone un análisis crítico de determinado lenguaje (*cfr. infra*, cap. II), que actualiza por ejemplo qué tipo de autoridades están cobijadas bajo la expresión "la República" y lo que comprende la libertad de conciencia.

C. Dos evaluaciones diferentes

La distinción entre el lenguaje prescriptivo y el descriptivo permite diferenciar los procesos de evaluación que se les aplican.

1. El derecho válido

Aquí debe hablarse de evaluación jurídica (ciertamente toda norma podría evaluarse de varias maneras: por juicios políticos, juicios de eficacia, etc.).

Desde el punto de vista jurídico, una proposición prescriptiva (una norma) o es válida o no es una norma. La estructura de una norma es del tipo *O (p)*, donde *O* es un operador deóntico (prescribe un comportamiento dado por obligatorio) y *p* es el contenido de la prescripción. El significado prescriptivo del artículo 1.° de la ley de 9 de diciembre de 1905 es del tipo *O* ("La República garantiza la libertad de conciencia").

Como se ha dicho, toda proposición del tipo *O (p)* no es igualmente válida. Su validez es relativa, en función de otra norma de tipo *O (y/z)*, donde es obligatorio que las enunciaciones del órgano *y*, según el procedimiento *z*, tengan un significado prescriptivo válido. De ahí que un ordenamiento jurídico abarque normas de habilitación o de competencia, es decir, enunciados cuyo significado prescriptivo consiste en asignar el carácter de prescripción válida para los actos de voluntad de las autoridades que se designan. Un ordenamiento jurídico que no previera dichas normas estaría por completo congelado, y por ende de cierta manera quedaría rápidamente desprovisto de toda eficacia, salvo que su pretensión fuese la de ser trascendental (pero ya no sería jurídico en el sentido utilizado aquí). Por lo general se dice que un ordenamiento jurídico es una unión de normas de habilitación (a veces denominadas normas secundarias) y de normas de conducta (a veces denominadas normas primarias).

Esta concepción requiere varias precisiones. La primera concierne el significado del operador deóntico, primer punto que puede elucidarse con facilidad. El significado de la obligación debe comprenderse de manera amplia: se refiere a la idea de prescripción (de deber ser). La idea de un operador deóntico no significa necesariamente que el contenido sea imperativo. No toda prescripción reenvía en efecto a la obligación de adoptar un comportamiento; así, mientras ciertas prescripciones permiten, otras prohíben, otras habilitan, etc. Las cuales, en función de la norma considerada, dan cuenta de lo prescrito. Una autorización (un permiso de conducir, por ejemplo) o el reconocimiento de un derecho (el derecho a la igualdad de trato ante a la ley) son también prescriptivos en el mismo sentido de un imperativo (como la remoción de un funcionario). Por cierto, el reconocimiento de un derecho o la expedición de una autorización tienen también, en primera instancia, por significado prescriptivo la prohibición de atentar contra el derecho o de revocar la autorización, salvo las condiciones previstas por esta misma norma o por otra norma del sistema, o por la obligación de no atentar contra el ordenamiento o de no revocar la autorización. Por el contrario, establecer el significado jurídico *O (p)* como norma, es decir, como significado prescriptivo válido, puede presentar múltiples dificultades. Por una parte, la distinción entre el enunciado y la norma (el significado prescriptivo válido del enunciado) reside en una operación de interpretación, de la cual se debe determinar si depende de un acto de conocimiento (establecer el o los significados prescriptivos del enunciado) o de uno de voluntad (decidir cuál es el significado prescriptivo válido). Por otra parte, hacer depender una norma de otra norma obliga a examinar el punto de partida del proceso de la validez normativa, esto es, ¿cómo determinar la norma superior en jerarquía, la que no puede depender de otra norma del sistema? Toda teoría general del derecho debe proveer una teoría de la interpretación y de la validez (*cfr. infra,* título II).

2. Las proposiciones verdaderas

Una proposición científica, por tanto empírica, es verdadera o falsa. Su estructura es del tipo "N (*Op)* es derecho (válido)", para decir que se describe el hecho de que existe una norma *N* que prescribe *p* como algo obligatorio. Al tratarse de una proposición empírica, surge necesariamente la pregunta sobre su verificación.

Ninguna de las teorías generales del derecho llega a una aceptación total de su empirismo. La dificultad obedece a que la norma (el significado prescriptivo de un enunciado) no se identifica con facilidad con un hecho del mundo físico. Aceptar la idea de la verificación de una proposición de la ciencia del derecho implica que la teoría general del derecho conciba la ciencia del derecho no solo como una ciencia inspirada en el modelo de las ciencias naturales, sino como una verdadera ciencia empírica: que designe los hechos que la autorizan a afirmar la existencia de una norma.

No puede tratarse de deberes que no sean hechos. Esos hechos solo pueden ser ciertos actos de ciertas autoridades que afirman la existencia de deberes. Así, hay actos de materialización como una sentencia judicial (en la que la solución se justifica por la existencia de una norma) o de otra autoridad como cualquier autoridad administrativa. En este enfoque, la efectividad es el criterio de existencia de una norma. Decir entonces que cierta norma es derecho válido significa que tal significado prescriptivo se utiliza efectivamente como norma. Afirmar que esta norma se utiliza efectivamente es, en cierta medida, decir que, sin tener en cuenta otras consideraciones, esta se reutilizará en una situación similar. El *test* de verificación corresponde a cierto pronóstico de la utilización futura de la norma. Este enfoque es el que defienden los realistas estadounidenses y algunos realistas escandinavos (Ross).

Pero en numerosas teorías generales del derecho, el modelo de las ciencias empíricas debe comprenderse en un sentido limitado: la ciencia del derecho es una ciencia empírica (describe lo que existe) que no es susceptible de verificación empírica (no puede verificarse respecto a hechos). Esas teorías afirman que el modo de existencia de las normas no es fáctico sino de un tipo específico, siendo entonces la teoría de la validez de las normas la que deberá conceptualizar tal particularidad. Una proposición de la ciencia del derecho describe el significado de un acto de voluntad (realizado por una autoridad) con respecto a otra norma. En última instancia, es recurrir a una hipótesis (o quizá más a una ficción) que permite describir los significados de la primera norma, como la que consiste en constituir un ordenamiento jurídico. A esta ficción se llama norma fundamental, la cual le confiere para la ciencia del derecho el carácter de norma jurídica a un hecho: el hecho constituyente, esto es, el acto de voluntad del que emana un enunciado constitucional. Las proposiciones de la ciencia del derecho describen lógicamente las normas de ese sistema. Pero esta descripción no es verificable. Una proposición de la ciencia del derecho significa entonces que si tenemos cierto acto como constitutivo de un ordenamiento jurídico (por ejemplo, tal Constitución promulgada por tal autoridad), entonces el significado dado a determinado acto, realizado siguiendo el significado prescriptivo del acto constitutivo, será una norma de ese ordenamiento. Esta concepción de la ciencia del derecho es la propuesta por Kelsen y la adoptada por la corriente normativista.

Como se verá (sección 2), es difícil optar de manera definitiva por alguno de estos dos enfoques. En la práctica, muchas teorías analíticas del derecho contemporáneas pueden comprenderse (hasta cierto punto) como una declinación de la una o de la otra sin que esta genere mayor problema. Es en particular el caso de las concepciones de la teoría realista de la interpretación (Michel Troper) y de las corrientes analíticas italianas y latinoamericanas.

D. Tres razones para una ciencia del derecho

El lector que haya seguido hasta este punto la lectura puede de forma legítima preguntarse para qué podría servir todo esto. La teoría general del derecho insiste en la posibilidad de una ciencia del derecho, pero no para afirmar que las actividades jurídicas se agotan con la actividad científica. Por el contrario, al distinguir con cuidado el derecho de la ciencia del derecho, se trata de mostrar que aquel no es científico: que no hay una solución verdadera para un caso, que la decisión jurídica no es de tipo mecánico o lógico, que prescribir no es una actividad de conocimiento. Se separa entonces de esas concepciones del derecho que, o bien consideran que este es una ciencia, o bien consideran que no puede haber nada científico alrededor de él. El saber sobre el derecho, sea limitado, debe en realidad permitirles a los juristas llevar a cabo sus actividades, al menos cuando estas no sean científicas (1), y participar así de su formación (2). Es también útil para el ciudadano, pues la delimitación del campo de la ciencia que se apoya en esas preguntas es también la delimitación (y la revalorización) de la cuestión política (3).

1. Permitir la actividad del jurista

Si hablamos de los *juristas* en sentido amplio y en el lenguaje común, el término connota de manera bastante imprecisa toda una serie de actividades ejercidas por individuos con estatus muy diversos. Un juez, un abogado, un notario, un profesor de Derecho, un estudiante de Derecho, son juristas pero no hacen lo mismo. Incluso tienen por lo general una formación común (no siempre, como en el caso del estatuto de la magistratura del trabajo –*conseillers prud'hommes*–, que son elegidos por sus pares sin exigirles formación previa; o el caso de los miembros del Consejo Constitucional). De cierta manera también, quienes proponen leyes o las votan, pueden por ejemplo ser considerados juristas. El diccionario dice del jurista que tiene un gran conocimiento del derecho. Se puede *hacer* derecho sin ser jurista (sin haber tenido derecho a hacerlo). Aún aquí se requiere distinguir varias actividades que no corresponden a estatus precisos (profesionales en particular).

La actividad de los juristas puede en primer lugar ser prescriptiva: una actividad de definición de lo que debe ser. Esta actividad es prescriptiva en varios sentidos: constituyente, enunciativa, decisoria o propositiva. Es constituyente cuando se trata de enunciar un texto cuyo significado prescriptivo se considera la norma que instituye un sistema jurídico (por ejemplo, el hecho de promulgar una Constitución). Es enunciativa cuando las autoridades designadas como tales por las normas de un sistema producen un texto provisto de significado prescriptivo, según los procedimientos dados por las normas de ese sistema (por ejemplo, una ley, una norma municipal o un contrato). Así, las llamadas normas secundarias regulan ante todo las condiciones de producción de los enunciados (dejaremos de lado por ahora la cuestión de la interpretación).

La actividad es decisoria cuando las autoridades resuelven casos con referencia a las normas del sistema, ya sea que se trate de normas (secundarias) sobre su competencia o de normas (primarias) sobre el fondo de la cuestión propuesta (por ejemplo, una decisión judicial o una administrativa). Esas autoridades afirman la existencia de normas al concretizarlas en el caso específico. Ellas prescriben en la medida en que deciden lo que debe ser en ese caso (la decisión es también performativa, como se verá más adelante: cap. II de este título y cap. III del segundo título). Esos tres primeros tipos de prescripciones se consideran válidas, las dos últimas, en la medida en que se fundan en las normas del sistema jurídico, y la primera, en cuanto le da fundamento al sistema jurídico en su conjunto. No ocurre lo mismo con el cuarto tipo de prescripción, a saber: las prescripciones propositivas. Se trata de proposiciones de normas (*de lege ferenda*) o decisiones (*de sententia ferenda*) que emanan de los juristas que no son autoridades del sistema (un profesor de Derecho, por ejemplo, un abogado), o actúan fuera del marco que los constituye como autoridad (cuando un juez, por ejemplo, comenta una decisión judicial). En primera medida, se puede anotar que, evidentemente, esas proposiciones de enunciados, o de normas, o decisiones no son el monopolio de los juristas: ¿qué individuo no ha expresado o pensado en un momento u otro lo que el derecho debería ser? No es más que la actividad política de una sociedad en su sentido más fuerte (evaluar y proponer). Pero es necesario decir ahora que por tratarse de actividades prescriptivas, no se trata de actividades cognitivas. El conocimiento no es, sin embargo, en su totalidad separable de lo prescriptivo. Primero, se convendrá en que si se busca cierta racionalidad o cierta eficacia, el conocimiento de lo que existe no es indiferente: una cosa es afirmar con Hume que prescribir es querer; otra cosa sería decir que la voluntad jamás puede (no es susceptible de) ser esclarecida por una forma del saber. Luego, es necesario comprender que mientras los tres primeros tipos de actividades prescriptivas son apreciables en función de validez, en tanto que se trata de actos a los cuales las normas de un sistema le conceden consecuencias jurídicas (la Constitución, la ley, la sentencia), las prescripciones propositivas se apoyan de hecho sobre el presunto saber de quien las formula. Así, prestamos atención a las proposiciones de un profesor de Derecho o de un abogado porque ellos tienen cierto saber. No obstante, esas prescripciones propositivas solo tienen autoridad moral, por oposición a las autoridades jurídicas (con fundamento en las normas habilitantes para prescribir) y científicas (con fundamento en el carácter verdadero de las proposiciones). Esas actividades prescriptivas propositivas corresponden a la dogmática jurídica, por oposición a la actividad doctrinal jurídica (la ciencia del derecho).

La actividad de los juristas puede así mismo ser de argumentación, y esta es sin duda, en lo que concierne a quienes el sentido común designa como juristas, una actividad de argumentación, que consiste en dar razones para una enunciación o una decisión o proponer justificaciones. La argumentación es en parte analítica: en cuanto a la suposición de un fin o unos medios determinados, y en el marco de un sistema jurídico dado, se trata de desarrollar un razonamiento que presente como lógico un fin o unos medios. En ese sentido, puede surgir de una actividad científica. Ignoraríamos, sin embargo, lo que es esta práctica, si no recordáramos que esta actividad es ante todo de persuasión. El abogado que propone una argumentación en un proceso espera que el juez la acoja (y su cliente espera que esta argumentación le permita obtener la decisión deseada). La doctrina que desarrolla una argumentación sobre el estado del derecho se esfuerza por subrayar las ventajas o las dificultades inherentes al derecho vigente, y se apoya (a menudo) en la actividad dogmática. Es posible que el rigor de la argumentación convenza o constriña. Es posible también que otros argumentos sean más fuertes que otros. Una particular atención debe fijarse sobre un tipo de argumentación: la producida por las autoridades prescriptivas apoyadas un acto prescriptivo (motivos de una ley, motivación de una sentencia o de otra decisión). Esta argumentación no puede siempre separarse de la actividad prescriptiva, pues plantea en particular la pregunta sobre el carácter lógico de la decisión (y del silogismo, *cfr. infra*, título II, cap. II).

Por último, hay una actividad puramente cognitiva que consiste en establecer lo que es el derecho vigente, es decir, cuáles son las normas de un sistema jurídico determinado, o de varios sistemas (derecho comparado). El conjunto de esas proposiciones descriptivas constituye la doctrina. Ya se ha mostrado el interés (o el temor) que se genera por las actividades prescriptivas e incluso argumentativas. Debe recordarse además que si el *test* de verificación de una proposición doctrinal se funda en el pronóstico de que la norma se aplicará, el establecimiento de este conocimiento es en sí mismo fundamental para la práctica jurídica.

Aunque no sean diversas y ampliamente no científicas, las prácticas jurídicas no podrían concebirse sin la necesidad de una ciencia del derecho y la teoría general de esta ciencia.

2. Formar juristas en la teoría y a lo largo de ella

La enseñanza de la teoría general del derecho parece entonces doblemente necesaria: como materia fundamental y como pedagogía. Como materia fundamental, para familiarizar a los (futuros) juristas con las preguntas y reflexiones sobre la adquisición de un saber que les será efectivamente útil en la práctica. Pero también como método de adquisición de saberes y de un saber-hacer técnico en las ramas especializadas del derecho. La teoría general del derecho no sustituye a la enseñanza técnica del derecho positivo. Debe por el contrario reforzarlo. Es necesario comprobar sobre estos dos puntos que la situación actual en Francia no es plenamente satisfactoria y se encuentra atrasada con respecto a lo que sucede en sistemas universitarios comparables.

3. Sensibilizar al ciudadano y revalorizar lo político

En últimas, la teoría del derecho no solo le interesa al especialista. El derecho, según todas las concepciones disponibles, tiene una dimensión social evidente. Determinar lo que es el derecho también le concierne (en primer lugar) al ciudadano.

Los enunciados jurídicos están provistos de significados prescriptivos. En ese sentido, constituyen normas. Pero la función de esos enunciados no se agota ahí. También constituyen directivas: su función es la de "hacer que se haga", es decir, hacer que sus destinatarios adopten cierto comportamiento. Y a decir verdad, es su función primera: una función práctico-moral. El enunciado jurídico no es una regla de conducta, es un modelo destinado a hacer producir efectos, por la valoración de conductas que contiene. Es una directiva. De ordinario, la cuestión de la determinación del modelo propuesto (el significado prescriptivo del enunciado) no desemboca en un desacuerdo, sea porque se han producido efectos aceptables por los destinatarios (actúan conforme a derecho), sea porque se han producido otros efectos que no se discuten y son aceptados (por dificultad o ausencia de voluntad de acudir a una autoridad que resuelva el litigio). Podemos preguntarnos sobre las razones que les dan efectividad (y a menudo eficacia) a los enunciados de un sistema normativo como el derecho. Sin duda, existe en parte la idea de sanción detrás: la sanción material (física o pecuniaria) o social (el juicio crítico de otros y el hecho de comprender que tendrán una reacción crítica si no hacemos lo que está prescrito, sin duda porque ellos mismos consideran legítima esta prescripción). De seguro también cierta dimensión moral, ligada a la educación, nos hace aceptar ciertos tipos de prescripciones como legitimas. Se trata, en proporciones variables según el sujeto, según las prescripciones, según los sistemas, de hechos imprecisos que presentamos de manera aparentemente racional cuando decimos que una regla de derecho es obligatoria. Pero es solo en caso de desacuerdo sometido a una autoridad decisoria cuando la pregunta sobre la norma se torna más precisa. Será además necesario observar que la decisión dirá cuál es la norma (el significado prescriptivo del enunciado válido dentro del sistema), y al hacerlo cumplirá una función práctico-moral, concretizando el enunciado como un modelo más preciso. De ahí que la enunciación de la norma sea también una directiva.

La ciencia del derecho describe un sistema jurídico y su funcionamiento. Establece la existencia de los significados prescriptivos (las normas), y la teoría que le da fundamento a esta descripción insiste en la complejidad y multiplicidad de los actos de voluntad que forman parte de la cadena que conduce a la afirmación de las normas (al formalizarse una teoría de fuentes del derecho: título II, cap. III). Esta ciencia se pregunta, y de cierta manera deconstruye, ciertas representaciones ordinarias del poder y sobre todo de la teoría prescriptiva de la separación de poderes entre el legislativo, el ejecutivo y el judicial.

La teoría del derecho no le sirve (solo) al ciudadano para conocer las reglas a las que se somete o de las que se sirve. Clarifica así mismo a qué poderes está sometido. Insiste en el hecho de que este sometimiento puede ser material (la coerción); pero que es relativo, pues la norma no tiene valor moral absoluto, y solo es válida respecto de un sistema aceptado. La norma no tiene verdad. La norma se engloba en un ejercicio de evaluación para la acción crítica de acuerdo con el derecho vigente. Lo que a todas luces comprende para cada uno la facultad, en una democracia, de querer cambiar de regla o de sistema, o de aceptarlos. Todos estos son ejercicios que nutren la acción política y sin los cuales no puede haber democracia. La teoría del derecho no es una teoría política prescriptiva (que provea respuestas políticas). Es más una teoría que le reconoce todo su espacio a lo político.

Sección 2
La ciencia del derecho construye su objeto

La primera sección de este capítulo estaba dedicada más a la ciencia del derecho que al derecho, por las siguientes razones: la teoría general del derecho no tiene el derecho como objeto directo y la pregunta sobre la ontología del derecho no proviene de su epistemología. Y no sobra recordar que no se puede pretender describir el derecho sin ofrecer su conceptualización. La ciencia del derecho, como toda ciencia, construye su objeto. Esto no significa, como se ha visto, que el derecho surja de la ciencia, en el sentido en que esta crearía a aquel. Quiere decir, por el contrario, que corresponde a la teoría general del derecho definir cuál objeto, que ella llama derecho, puede surgir de su proyecto científico. Esto comprende entonces la definición de un campo para la ciencia del derecho (I) y de un concepto de derecho (II). Esta definición es estipulativa, pues se provee y acepta convencionalmente para constituir la disciplina.

I. El campo de una ciencia del derecho

La teoría general del derecho positivo asigna a la ciencia del derecho la descripción del derecho positivo, también llamado derecho vigente (A). Lo que deja abierta la discusión sobre lo vigente (B).

A. La limitación al derecho positivo

Como se ha dicho, la ciencia del derecho no puede disponer de ningún método para proporcionar respuestas a las preguntas ontológicas sobre el derecho o a las preguntas para la evaluación del derecho, vigente o no.

La concepción del objeto posible para la ciencia del derecho distingue por tradición el positivismo del iusnaturalismo. En realidad, como lo ha mostrado Norberto Bobbio, esos términos son cada uno susceptibles de referirse a posturas radicalmente diferentes, pues no provienen de los mismos interrogantes. Esta distinción sigue siendo conveniente, dado que no hay ninguna necesidad (y hasta imposibilidad) para un positivista (o en menor medida, un iusnaturalista) de adherirse al conjunto de concepciones que cada una de esas palabras puede designar. No hay entonces una oposición necesariamente invariable entre esas palabras (la oposición no puede comprenderse sino entre los usos determinados de esas palabras).

El iusnaturalista puede referirse a varios enfoques, que solo tienen como punto en común considerar que el derecho no debería limitarse al derecho positivo. Existe para quienes se adhieren al iusnaturalismo otro cuerpo de normas, rápidamente llamado derecho natural, respecto al cual el derecho positivo puede ser evaluado. La ciencia del derecho debe describir o establecer (en especial) lo que es el derecho natural. Pero la ontología de este derecho natural y las consecuencias derivadas de su aparente existencia (su calificación como derecho) autorizan las más variadas posiciones. En todo caso, como se verá, el iusnaturalismo en cualquiera de sus variantes no logra negar la existencia de un derecho positivo, aunque sea para poder descalificar como jurídico lo que existe y lo que el sentido común llama derecho, cuando en realidad le cuesta demostrar que el llamado derecho natural existe en el mismo sentido y que es conocible en ese mismo sentido.

Por el contrario, los positivismos no tienen necesidad de un concepto de derecho natural y se alían para afirmar que el derecho se limita al derecho positivo. Sin embargo, este enfoque no es unitario y también conoce declinaciones, según los campos considerados, que se traducen en divergencias igual de profundas.

Lo que en definitiva permite establecer las relaciones entre los enfoques no depende de una ontología del derecho, sino que se revela por medio de las consecuencias prácticas ligadas a la afirmación de uno o de otro cuerpo normativo considerado jurídico y vigente.

La definición de derecho natural está sujeta a debate, tanto en función del contexto histórico (varias concepciones se han desarrollado, de manera sucesiva o concurrente) como del contexto político (varios valores de justicia se han propuesto en efecto para formar parte del derecho natural). Se le ha dado al derecho natural el estatus de verdad revelada, en particular en una concepción trascendental de tipo religioso, como algo que se impone al género humano. Mediante un ejercicio racional se le pudo asimilar a los valores que la razón humana podía comprender, habida cuenta de la naturaleza propia al individuo. Se han propuesto otras hipótesis, y dentro de cada una de ellas existen muchas variantes (los contenidos de esos *corpus* llamados *derecho natural* no son uniformes). Sin embargo, todas esas concepciones se sustentan en la afirmación de que un derecho de este orden existe y que puede ser conocido. En su versión más extrema, el iusnaturalismo le da a ese derecho natural una cualidad de derecho verdadero (ya sea en razón de su origen: una autoridad superior a los hombres; o en razón de los valores que defiende: la justicia; o en razón de ambos). No obstante, tales afirmaciones, por sinceras que sean, no pueden ser suficientes ni podrían tenerse por demostradas sin un elemento de plausibilidad objetiva que las soporte.

El derecho positivo, por el contrario, es definido de manera idéntica por los iusnaturalistas y los positivas como un conjunto estructurado de normas enunciadas por una autoridad humana y apoyado por una fuerza física; un orden coercitivo globalmente eficaz. En ese sentido, se separa entonces en su totalidad de la idea de moral, pues cualquiera que sea el juicio moral que cada quien hace sobre las normas que lo componen, ese derecho es derecho solo por el hecho de haber sido proferido por cierta autoridad humana y estar dotado de cierta efectividad en la sociedad donde rige (con independencia entonces de su contenido).

La función práctica que resulta de la afirmación de que existe un derecho natural (las consecuencias de su función de evaluación del derecho positivo) la han discutido quienes afirman su existencia. Parece que todos comparten que se establece una jerarquía entre el derecho natural y el derecho positivo: es este el que se mide con respecto a aquel (del cual entonces dependería) y no a la inversa. Se considera que el derecho positivo debe respetar el derecho natural. Sin embargo, el significado de ese deber no es unívoco. En algunos casos se afirmará que el derecho positivo que no esté conforme al derecho natural no es derecho: se podrá así prescribir (o al menos legitimar) de cierta manera un deber de desobediencia. Con mayor frecuencia, aun lamentando que el derecho positivo se aparte de los valores del derecho natural, se considerará que aquel es, no obstante, el derecho que debemos hacer evolucionar por medio de la acción (por vías legales o no, incluida la desobediencia, sin que se vea necesariamente como derecho o deber). Parece entonces que para los iusnaturalistas puede haber una visión realmente dualista que califica como derecho a dos conjuntos diferentes de reglas, por su estructura y sus efectos, y una visión monista en realidad que solo considera como derecho el derecho natural (el derecho positivo solo es jurídico cuando está conforme al derecho natural: si es materialmente derecho natural). La primera visión, moderada, debe cuestionarse desde el punto de vista de consistencia: ¿qué tienen en común los dos tipos de derecho considerados como géneros en una misma especie? La segunda visión, extrema, debe cuestionarse desde el punto de vista de conocimiento: ¿qué vía cognitiva permite afirmar la existencia del derecho natural? El iusnaturalismo parece ser entonces, en su versión más extrema, una variante del cognitivismo ético que surge de la filosofía metafísica; y en su versión más moderada, una posición ética y política sobre los valores (en ese sentido, sobre todo la filosofía del liberalismo político o de los derechos del hombre, en sus variantes naturalistas), más que una teoría. Esas dos versiones iusnaturalistas ya son entre sí evidentemente contradictorias e irreconciliables.

Ahora bien, el positivismo puede también ser una forma de cognitivismo ético de tipo legalista o estatista en tanto hace de los enunciados (o prácticas) de ciertas autoridades el criterio de evaluación de una verdad ética y jurídica. Comprende entonces la afirmación explícita o implícita de que el derecho positivo es necesariamente justo; tiene entonces exactamente las mismas virtudes que las que el iusnaturalismo extremo le concede al derecho natural. La consecuencia que se deriva es un deber de obediencia a la autoridad humana. Aunque se separan en cuanto a la designación de las reglas que se deben respetar, el positivismo legalista y el iusnaturalismo extremo se encuentran en su función práctica de prescripción. Ese positivismo no puede ser designado como tal por el solo hecho de reivindicarse como derecho positivo, sino porque forma parte de la labor positivista en el sentido de que una teoría general positivista asigna a la ciencia del derecho. Por esta razón, con frecuencia los teóricos positivistas la califican como pseudopositivismo. Los iusnaturalistas moderados, por su parte, a menudo han dirigido su crítica (fundada en una dogmática jurídica discutible) al positivismo así entendido como una dogmática que no describe el derecho vigente sino que afirma que se le debe obedecer, que no es discutible, que es objetivamente válido. Por supuesto, esta crítica no puede afectar al positivismo en el sentido de una teoría general del derecho que solo asigna a la ciencia del derecho la descripción del derecho positivo.

El pseudopositivismo (como su equivalente iusnaturalista) se separa entonces de manera radical de una segunda concepción del positivismo como consecuencia de un no cognitivismo ético (*cfr. supra*); un positivismo en el sentido de que solo lo que existe puede describirse de manera científica. El derecho positivo, tal como lo definen los juristas y el sentido común, tiene la siguiente propiedad: existe, es decir, que los fenómenos que acordamos designar bajo ese nombre existen. Pueden entonces conocerse y ser objeto de una ciencia. Tal concepción del positivismo no es sin embargo oponible en el mismo sentido al iusnaturalismo moderado.

El positivismo en el sentido de la teoría general del derecho, que describe entonces un derecho positivo como un conjunto de reglas queridas por una autoridad humana, cualquiera que sea la valoración moral de su contenido, jamás afirma, por definición (salvo que no sea un positivismo no cognitivista), que esos valores son únicos, o verdaderos, o incontestables. Solo describe los valores en tanto que han sido escogidos y tienen cierta eficacia. Esta descripción no significa que no existan otros valores, ya sea en otros sistemas jurídicos (no obstante idénticos en estructura) o en otro tipo de discursos prescriptivos o evaluativos (doctrinas políticas, filosóficas o morales, reivindicaciones, etc.).

El positivismo en el sentido de la teoría general del derecho no afirma tampoco que solo el derecho positivo pueda ser calificado como derecho. Se sustenta simplemente en la idea de que solo cosas idénticas pueden provenir del mismo concepto y de que solo las cosas que existen pueden ser descritas. El derecho positivo existe (ni el sentido común ni los iusnaturalistas lo discuten), y el concepto de derecho positivo se refiere a una identidad estructural de órdenes normativos, sin que importe su contenido. Parece coherente entonces calificar de manera idéntica como derecho el conjunto de sistemas de derecho positivo. Y parece aún más coherente hacerlo, en vez de ampliar esta conceptualización a un determinado sistema de valores, solo por nuestra preferencia, por más fuerte que sea.

El positivismo en el sentido de la teoría general del derecho no supone en últimas que quien describe un sistema de derecho positivo se adhiera a los valores que este describe o defiende. Es perfectamente posible para un positivista, en el sentido de la teoría general del derecho, llegar a una posición práctica comparable con la de un iusnaturalista moderado. Esta consiste en distinguir un orden jurídico positivo de un conjunto de valores, aceptar preferencias por algunos de aquellos valores, actuar en concreto (en otros campos distintos del de ciencia del derecho) para intentar hacer evolucionar el derecho positivo hacia los valores preferidos, si aquello es subjetivamente necesario. Yo puedo a la perfección describir un derecho que encuentro moralmente abyecto y al mismo tiempo condenarlo de manera activa. Por ejemplo, el derecho nazi o el derecho de Vichy, respecto de los cuales, en el pasado reciente, han surgido controversias sobre el significado de esa descripción. Pero existen hoy otros ejemplos incluso de regímenes que consideramos democráticos. Yo puedo creer, además, que debo en realidad describirlo como derecho si quiero oponerme a él, tanto para mostrar lo que es como para recordar que los sistemas normativos coercitivos y eficaces pueden ser de esta manera y que la confianza un poco ciega que se deposita en el derecho es excesiva (confianza que una visión iusnaturalista refuerza al asimilar derecho y justicia). El derecho (cualquiera que sea la concepción, positivista o iusnaturalista) es un recurso útil pero limitado, más que una garantía contra la acción de esos poderes, a veces puramente retórico en la acción de los poderes o en la acción contra los poderes.

Resta decir que la ciencia del derecho debe ser rigurosa y no se puede alejar de ese objetivo que es la descripción pura. Así mismo, esta ciencia debe desconfiar de los usos sociales, siempre indeterminados, que se hacen tanto de sus propias descripciones (adornadas con otras virtudes distintas de las descriptivas por quien las recibe y quiere legitimarse con ellas) como de las proposiciones asimiladas a la ligera a proposiciones científicas (que a menudo se profieren según el estatus de quien las emite). Una teoría general del derecho participa de esta exigencia, tanto al prescribir los métodos de descripción como al clarificar lo que hace que una proposición sea científica.

B. Una cuestión indecidible

Una vez acogida la idea de que a la ciencia del derecho le corresponde describir el derecho que existe, resta determinar qué es el derecho positivo y cuáles son los hechos que son objeto de una ciencia del derecho.

No escapa a nadie que existen actos humanos que llamamos derecho (o creadores de derechos, lo que no es del todo la misma cosa). Es relativamente fácil determinar que determinado grupo de personas, que llamamos Parlamento, han dado su acuerdo en tal fecha, mediante por ejemplo una votación que reúna el 53 % de los votos en favor de cierto texto presentado por determinada autoridad. Luego puede determinarse que, eventualmente, otro órgano llamado por ejemplo Consejo Constitucional se ha pronunciado de manera favorable sobre la constitucionalidad de ese texto. Por contera, puede decirse que un último órgano, esta vez individual como el presidente de la República, ha firmado (promulgado) ese texto que luego ha sido publicado en un lugar específico (el *Diario Oficial*). Ahora, ¿de esto se trata la ciencia del derecho? ¿Son estos los hechos que le interesan al jurista que describe el derecho positivo?

Sí y no. Sí, pues sin duda el jurista no deja de lado esos hechos que constituyen su materia prima (junto con otros sobre los cuales se volverá). No, puesto que la descripción de esta cadena de actos humanos no agota en nada el conocimiento. A decir verdad, contrariamente a una idea difundida, incluso entre los juristas expertos, esa descripción no es el conocimiento del derecho, sino cuando más el conocimiento de algunas de sus fuentes (*cfr. infra*, título II, cap. III).

El derecho positivo, entendido como un conjunto normativo, es un conjunto de significados prescriptivos. La pregunta importante para la descripción del derecho positivo es aquella sobre la descripción de esos significados prescriptivos. Las cadenas de actos humanos del tipo mencionado no nos ilustran sobre la pregunta formulada: ¿son las normas solo significados de esos actos? Por ejemplo, ¿qué sucede con los principios afirmados por las autoridades judiciales sin fundamento textual? ¿Es porque lo dicen ellas? ¿Cómo saber cuáles son los significados prescriptivos de esos actos, en particular los significados prescriptivos válidos que constituyen justamente el orden jurídico positivo? ¿Qué describimos en definitiva cuando decimos a la vez que describimos lo que existe y que describimos significados?

Cuando decimos por ejemplo que tal ley ha creado un derecho o una obligación en beneficio o a cargo de tal categoría de individuos, estamos planteando cuestiones comparables, que de forma intuitiva consideramos evidentes pero que revelan dificultades mayores para la descripción del derecho. ¿En realidad crea la ley obligaciones o derechos? Si respondemos de manera afirmativa, es necesario decir cómo, y cómo podríamos conocerlos; es decir, solo podríamos describirlos. De otro modo, habrá que decir qué son empíricamente las obligaciones y los derechos que pretendemos describir. La primera tarea se traducirá en la posibilidad de una teoría pura del derecho; la segunda dará cabida a consideraciones de tipo sociopsicológicas.

Una teoría pura del derecho sobre el modelo kelseniano pretende que la ciencia del derecho hecha por juristas sea una ciencia del todo particular, cuyo objeto es describir las normas y no los hechos. La pureza no caracteriza al derecho, sino solo a la teoría. Esta es pura en dos sentidos: al ser positivista, no comprende juicios de valor, y al ser normativa, solo describe normas. Esas normas existen entonces sin ser hechos. Son los significados de actos de voluntad por los cuales se prescriben, permiten, prohíben, condicionan, habilitan, etc., conductas. Si los actos de voluntad forman parte de la categoría de los hechos, las normas forman parte del deber ser (*Sollen*).

Detrás de una concepción de este tipo hay una representación dualista del mundo: este no se limita a los hechos; en ese sentido, los derechos y las obligaciones existen de forma objetiva y son susceptibles de ser conocidos. Existen objetivamente como significados objetivos de ciertos hechos; son conocibles mediante algo distinto de la experiencia. La ciencia del derecho los describe y esta descripción del deber-ser es independiente de toda consideración ligada a la efectividad. Sin duda, puesto que esas normas no están caracterizadas de manera fáctica, todo proceso empírico de verificación queda excluido. Por otro lado, tampoco es posible afirmar que las normas así concebidas no existen. La concepción normativa (o hilética) no puede sorprender, pues es la culminación, epistemológicamente fundada, declinada y reformulada de manera rigurosa, de una visión común del derecho: "La ley crea obligaciones y derechos"; "Tengo derechos y obligaciones legales"; "Tengo el derecho o la obligación de hacer lo que diga la ley". Eso no significa, sin duda, que esos derechos y obligaciones existan por sí mismos: solo existen como consecuencias de hechos y en particular de actos de la voluntad humana. Pero eso significa que esos actos son correctos según ciertos criterios ligados al sistema jurídico (en tanto se acepte el hecho del sistema jurídico); luego esos derechos y obligaciones existen y su existencia no puede ponerse en duda sino por otros actos correctos respecto del sistema jurídico.

Según otras teorías, también positivistas y en particular las teorías realistas, no es posible describir así las normas. De acuerdo con algunos, no puede haber una dualidad ontológica del mundo y solo los hechos pueden existir. En criterio de otros, aun si pudiera concebirse una dualidad ontológica del mundo, la ciencia no describe más que hechos. No se puede entonces describir los derechos y las obligaciones y afirmar que los actos de voluntad crean derechos y obligaciones en el sentido de una teoría pura. Los derechos y las obligaciones no existen sino para quienes los aceptan; las normas existen como creencias fácticas de que las conductas se han prescrito, permitido, prohibido, condicionado, habilitado, etc. La teoría es entonces sociopsicológica porque se apoya en los hechos sociales que permiten establecer que esta creencia existe de forma intersubjetiva. En ese sentido, los hechos que permiten afirmar la existencia de normas son actos humanos (comportamientos efectivos), y son sobre todo actos de lenguaje: el lenguaje del legislador que pretende crear derecho; pero también el lenguaje de las autoridades que pretenden aplicarlo (autoridades administrativas, jueces, etc.) o que lo invocan en la acción práctica (relaciones humanas). Conocemos *un* significado de un acto conociendo el uso que se hace de él. La ciencia del derecho no tiene por objeto un deber ser, sino hechos que hablan de un deber ser. Es la concepción expresiva de las normas.

Decidir entre esos dos enfoques es imposible. Detrás de toda teoría general del derecho existe necesariamente ese tipo de preguntas ontológicas que se refieren a nuestra representación del mundo. En lo que a mí concierne, esta representación es a todas luces monista, lo que me lleva a defender una ciencia del derecho volcada hacia los hechos.

II. El concepto de derecho

Definir la ciencia del derecho como la que describe el derecho positivo y este como un orden coercitivo globalmente eficaz es decir también cómo un conjunto estructurado de normas enunciadas por una autoridad humana y apoyadas por una fuerza física no agota la labor teórica de conceptualización del derecho. Será necesario, por supuesto, identificar lo que llamamos y a quién autoridades y precisar también lo que es la eficacia. Todas esas preguntas condicionarán una estipulación (A) y exigirán una posición práctica (B).

A. La estipulación de una definición

Al rechazar la pregunta sobre una definición ontológica, el positivismo conduce a una labor estipulativa: así, la ciencia del derecho construye su objeto porque decide llamar derecho a aquello que puede describir. Podría dársele otro nombre: tal vez no lo llamaríamos ciencia del derecho, pero seguiría siendo una ciencia y hemos dicho que este el objetivo de una teoría general del derecho llamada positivista.

No obstante, estipular un objeto no es del todo neutro ni arbitrario. Por coherencia, esta estipulación se articula con la concepción admitida para la ciencia del derecho y de la concepción del derecho que de ella resulte. Ahora bien, la estipulación de la definición del derecho para la ciencia del derecho no se identifica necesariamente con el concepto de derecho brindado por una teoría general del derecho. Sobre todo, para ser operativa y desde luego para fundar la utilidad de un planteamiento científico, la estipulación debe tener en cuenta ciertas prácticas que pretendemos describir.

Cuando la teoría general del derecho toma partido por un enfoque sociopsicológico, prescribe que se describan los hechos, caracteriza aquello que llama derecho como un conjunto de fenómenos sociales, por una parte físicos (por ejemplo, la sanción pública), por otra psicosociológicos (por ejemplo, el sentimiento de sentirse obligado) y por otra lingüísticos (por ejemplo, la enunciación de una ley). Esta caracterización está bastante lejos de ser perfecta. A decir verdad, buena parte de las preguntas permanecen sin respuesta y decir que la norma es una creencia es más un punto de partida que un programa científico, al menos para los juristas. Tenemos la necesidad de saber a qué reenvían expresiones como: "Tengo el derecho" o "Usted no tiene el derecho", que son afirmaciones, prescripciones, reivindicaciones, *performaciones* u otras. Nos referimos (y quienes emplean esas expresiones también) a un conjunto de hechos que interpretamos como el derecho. En esos hechos hay toda suerte de fenómenos sociales: físicos, sociopsicológicos, lingüísticos, etc. Sin embargo, después que hemos comprendido que estos son los hechos que subyacen tras nuestra comprensión del derecho, no tenemos la necesidad de conocerlos a la perfección (y sin duda tampoco podemos hacerlo).

No es el concepto de derecho el que interesa a una ciencia positivista del derecho, sino el concepto de derecho positivo o de derecho válido. El derecho válido significa un conjunto abstracto de ideas normativas que nos sirven como patrón de lectura del fenómeno del *derecho en práctica,* lo que significa que esas normas se siguen efectivamente y que se cumplen porque existe la experiencia de que son obligatorias en la sociedad o porque las sentimos como tales (Ross). El derecho válido no corresponde a todas las reglas percibidas como socialmente obligatorias (existen otros ordenamientos normativos).

La ciencia del derecho tiene la necesidad de estipular un concepto a la vez más preciso (las normas jurídicas) y menos completo (las ideas normativas). Si el concepto de derecho de la teoría general del derecho puede ser amplio (los hechos), aquel que la teoría general del derecho prescribe para la ciencia del derecho no debe serlo. Las ideas normativas se expresan en un lenguaje y mediante actos de lenguaje. La ciencia del derecho debe describir ese lenguaje. Tal lenguaje es el de la práctica jurídica: actividades fácticas que se designan y que efectivamente se perciben como jurídicas en una sociedad. Que lo sean o no importa poco mientras lo hayamos comprendido y admitamos que no sabemos lo que el derecho es en sí mismo y que la utilidad de una ciencia del derecho es describir lo que en los hechos se llama derecho.

B. Una posición práctica

Evidentemente, en función de cada sociedad, el objeto de la ciencia del derecho puede variar. Una teoría general del derecho debe, sin embargo, estipular un concepto de derecho que no sea demasiado dependiente de una sociedad específica, para que se puedan describir prácticas comparables.

En nuestras sociedades actuales se supone por lo general que el derecho tiene que ver con una forma particular del poder político: el Estado. La centralización (más o menos fuerte) del poder político va de la mano de una centralización (jerarquía) del poder normativo. La enunciación del derecho se enlaza de manera directa con las funciones estatales (legislativas, ejecutivas, judiciales) o reclama una forma de reconocimiento para esas funciones (costumbre, negociación, etc.). El Estado mismo es percibido como la forma moderna de organización del poder político, en tanto que reposa sobre la juridicidad: teoría de la soberanía, constitucionalismo, teoría del Estado de derecho. La globalización, al mismo tiempo que cuestiona la situación histórica de la forma estatal, lleva a la generalización de esta forma como ejercicio legítimo del poder. Por ejemplo, la voluntad de Europa de darse una Constitución, las reivindicaciones de hacer surgir poderes interestatales (Organización Mundial del Comercio, etc.) o no estatales (organizaciones no gubernamentales, etc.) muestran las dificultades de pensar el poder y el derecho en una relación que prescindiría de los Estados. Se convendrá entonces en la necesidad de pensar una vez más en el poder, puesto que el Estado, como forma histórica, apenas surgió con la época moderna y no tiene vocación de permanencia. Pero en la práctica el ordenamiento jurídico positivo se confunde con el estatal desde el punto de vista estructural.

Los ordenamientos jurídicos concretos tienen variantes, incluso estructurales. El lugar oficial de la ley (poder legislativo) y del *common law* (poder judicial) difiere; lo que aquí es derecho privado será en otra parte derecho público. Pero esas variaciones no ponen en duda la identidad estructural primaria. He aquí lo que la teoría general del derecho llama derecho. He aquí lo que esta teoría ordena describir a la ciencia del derecho.

Léase también:

HUME, D., *La morale, Traité de la nature humaine,* livre III (P. Saltel, trad.), París, Flammarion, 1993.

KELSEN, H., *Théorie pure du droit,* París, LGDJ, 2004.

ROSS, A., *On Law and justice,* Berkeley, University of California Press, 1959.

TROPER, M., "Pour une définition stipulative du droit", en *Droits,* "Défínir le Droit 1", 1989.

Villey, M., *Philosophie du droit*, París, Dalloz, 2001 (virulenta crítica a la idea misma de una teoría del derecho).

CAPÍTULO II
UN MÉTODO ANALÍTICO

El programa de una ciencia específica de juristas debe situarse antes que nada respecto de saberes diversos, complementarios más que concurrentes (sección I). El método analítico incorpora la siguiente especificidad de una ciencia del derecho hecha por juristas: si bien es un medio de conocimiento, este método es también una labor de validación de los conocimientos. El método analítico comprende así los protocolos de validación de una argumentación que la teoría general del derecho supondrá como científica (sección II). La aplicación de este método al objeto construido por la teoría general del derecho hace surgir la siguiente característica de la ciencia del derecho: un análisis crítico de cierto lenguaje (sección III).

SECCIÓN 1
DIVERSIDAD Y COMPLEMENTARIEDAD DE SABERES

La ciencia del derecho, en el sentido de una teoría general del derecho, no podría agotar el conjunto del saber sobre un objeto real que sería *el derecho*. Otras ciencias tienen el derecho como objeto (I). La ciencia del derecho se entiende como una ciencia específica de los juristas (II).

I. Ciencias que tienen el derecho como objeto

Es claro que el derecho, entendido de la forma más consensualmente posible, reviste una dimensión social que integra los fenómenos por él abordados como objetos aptos para ser tratados por todo saber científico relativo a los fenómenos sociales. El derecho no solo conviene para el conocimiento de los juristas, pues parece difícil que la historia, la economía, la sociología y sin duda otras ciencias lo ignoren en su totalidad.

Sin embargo, aunque algunos hechos pueden superponerse, el derecho de esas ciencias no es el derecho de una teoría general del derecho. Toda ciencia (a propósito de la ciencia del derecho) construye su objeto valiéndose del trasegar científico. El derecho de la historia (incluida la historia del derecho) es la conceptualización de algunos fenómenos mediante una labor de conocimiento histórico cuyos métodos y fines son propios. La historia construye su objeto de conocimiento. Sin duda pasa lo mismo con las otras ciencias.

La existencia de una ciencia del derecho específica de los juristas y sobre todo la prescripción de los métodos y fines de esta ciencia por una teoría general del derecho no podría asimilarse a un imperialismo cognitivo: no invalida otros saberes sobre el derecho, si estos pueden por otra parte darse sus propios protocolos de validación. Es posible (y sin duda deseable) tener sobre los mismos fenómenos una pluralidad de saberes, identificados desde varios puntos de vista. De ningún modo se desprende de aquello una relatividad de esos saberes, pues cado uno se funda en enfoques no concurrentes por sí mismos.

La sociología del derecho se pregunta, por ejemplo, por la eficacia de las normas y sobre todo por la movilización de los recursos que los textos jurídicos ayudan a constituir en el juego social. Ella difiere de seguro del análisis de las normas, en tanto que análisis del significado prescriptivo (dado) a esos textos. La sociología del derecho mide sobre todo la desviación que puede producirse entre el objetivo buscado por un texto (el objetivo de la ley) y la eficacia social de ese texto (los efectos sociales que produce). El objeto *derecho* de la sociología comprende entonces, al menos de manera parcial, el sentido que un autor le quiere dar (abiertamente o no) a su texto. Se entiende con frecuencia por autor aquel redactor ficticio (como el ministro que propone al Consejo de Ministros y luego al Parlamento un proyecto de ley que busca reducir las desigualdades sociales: y se hablará por ejemplo de la ley Aubry, de la ley Borloo), que no se confunde con el autor jurídico (aquel cuya voluntad le da validez a la norma: por ejemplo, el Parlamento). Ahora bien, la ciencia del derecho, por su parte, se vuelca hacia el significado prescriptivo del mismo texto. Esta no depende de los objetivos buscados por su redactor. Incluso si según algunas concepciones de esta ciencia que consideran que el o los significados prescriptivos de un texto no son posibles sin referencia las autoridades que acogen el texto y lo aplican (interpretándolo); el objeto *derecho* de la ciencia del derecho da paso a la efectividad (la manera como las autoridades lo emplean). Resta decir que esta efectividad no es la misma eficacia, ya que sería banal decir que un texto puede aparentemente aplicarse sin que produzca algunos de los efectos que se han buscado. Se requieren todos esos saberes, tanto sobre la eficacia de una política jurídica como sobre el significado de los textos que la materializan (en parte); pero debe admitirse que no se trata de los mismos saberes. Es lamentable a veces que los juristas abandonen la vía propiamente jurídica para solo considerar las cuestiones sociológicas (por ejemplo, ocurre con frecuencia con el derecho de familia). Es también lamentable que las ciencias empíricas que abordan el derecho (por ejemplo, algunos aspectos de la ciencia política) dejen de lado el saber propio de los juristas (cuando hacen la ciencia del derecho) para pretender monopolizar un único saber científico sobre el derecho.

No obstante, tampoco será posible extraer a partir de esos diferentes saberes y en particular un conocimiento global unificado, pues tienen métodos y fines diferentes y son poco conciliables. Así, el sincretismo negaría esas diferencias, constitutivas de la validez respectiva de cada enfoque. A su vez, los enfoques cognitivos son complementarios en tanto se esclarecen de manera mutua pero no se fusionan.

La teoría general del derecho conceptualiza a la vez esa necesidad cognitiva de pluralidad de saberes y de visiones (el derecho como fenómeno social) y la imposibilidad epistemológica de superarla (la ciencia del derecho como ciencia específica). Esta teoría reconoce que la ciencia sobre el derecho es en realidad más amplia que lo que se denomina ciencia del derecho por comodidad, esto es, la ciencia del derecho específica de los juristas, pues varias disciplinas toman el derecho como su objeto.

La sociología del derecho es una de estas disciplinas, a la que ya nos hemos referido. Parece evidente (y poco discutido) que no puede haber conocimiento del derecho sin tomar en cuenta los efectos sociales de este (lo que hace la sociología general) y el lugar que ocupa como herramienta en las relaciones sociales. Parece igual de evidente que el lugar del derecho en nuestras sociedades es tal que el estudio de sus efectos sugiere sin duda la especialización de esta disciplina. A esa sugerencia responde la sociología del derecho como disciplina relativamente nueva, a partir de un saber sociológico (sobre todo Max Weber) y de un saber jurídico (el maestro Carbonnier, por ejemplo).

Sucede lo mismo con la historia y la disciplina específica de la historia del derecho, cuya tradición está más que arraigada. Los sistemas jurídicos que describe la ciencia del derecho tienen una historia; la historia de las sociedades modernas es también la del surgimiento del derecho como fenómeno estructurante.

La concepción moderna de la política (organizada en el aspecto jurídico) conduce necesariamente a un objeto jurídico de la ciencia política. Esta no podría limitarse a una descripción institucional, aunque la dificultad de la ciencia política para afirmarse como una disciplina homogénea (que dispone de reglas epistemológicas compartidas) deja abierta la pregunta sobre la especificidad de ese saber (sociología crítica de diversos campos, análisis crítico del discurso político sobre el derecho, etc.).

Otras disciplinas se plantean preguntas diferentes, hasta el punto de que su comprensión como disciplina que trata científicamente el derecho es discutible.

La antropología del derecho estudia sociedades que no tienen un sistema jurídico comparable con el nuestro. Describe sobre todo la estructura normativa de esas sociedades. Hay un verdadero saber antropológico y una antropología que constituye en esas sociedades un objeto llamado *derecho* (la antropología jurídica). Este objeto llamado derecho no es el derecho positivo, es decir, el objeto construido por la ciencia del derecho de la teoría general del derecho; por el contrario, y por definición, este objeto se separa de aquel. Surge entonces –y el debate es demasiado complejo para abordarlo aquí– la pregunta sobre la coexistencia de varios objetos llamados *derecho*. Sin dificultad puede admitirse que el objeto derecho de los antropólogos jurídicos difiere del de los teóricos del derecho, puesto que reenvía a fenómenos diferentes (el derecho positivo y el sistema normativo religioso o de costumbres, por ejemplo). No hay ninguna dificultad entonces en que se sirvan del mismo término *derecho* para designar *alternativamente* cualquiera de esos fenómenos que no pueden encontrarse al mismo tiempo (en la misma sociedad). También puede admitirse que esos fenómenos eventualmente pueden ocurrir en las mismas sociedades (por ejemplo, porque en una sociedad provista de un sistema comprendido como derecho positivo subsisten o aparecen otras estructuras normativas: religiosas, comunitarias, etc.). Pero es necesario entonces hacer una elección desde el punto de vista científico y no emplear el mismo término para designar al mismo tiempo cosas diferentes (dos estructuras normativas diferentes), aun si evidentemente importa poco lo que calificaremos como derecho (y la lógica de la antropología jurídica como ciencia puede que no califique como derecho el derecho positivo).

La economía no toma siempre en cuenta la cuestión jurídica. Algunas corrientes del análisis económico (las corrientes institucionalistas, por ejemplo) se refieren, sin embargo, a los efectos de la existencia de un sistema jurídico sobre la producción o el intercambio o analizan los efectos económicos de las normas jurídicas. En contraposición, algunos juristas estiman que la búsqueda de la solución jurídica debe tener en cuenta sus efectos económicos. Ello se da cuando se trata de soluciones materiales, pues según ciertos autores, como los de las corrientes dominantes *Law and economics*, la decisión jurídica puede y debe ser neutra con respecto a los efectos sobre el mercado: es justa la solución que ante una disputa – por ejemplo, un daño de vecindad– atribuye los derechos respectivos a cada parte, como lo habría hecho el funcionamiento normal del mercado. Ello también ocurre en tratándose de soluciones estructurales, pues según otros autores y algunas jurisdicciones, conviene limitar los efectos retroactivos de los cambios de jurisprudencia de los tribunales para garantizar la seguridad jurídica de los actores, y sobre todo de los actores económicos. La posición de los juristas aquí es en todos los casos a todas luces una posición prescriptiva que no proviene de la ciencia sino de cierta concepción de la justicia.

Por último, se tendrán en cuenta otros saberes, en particular los saberes que puedan esclarecer la dimensión sociopsicológica de la recepción de las normas o de los textos. La pregunta sobre su carácter científico dista de ser evidente, y el interés de los juristas por esos interrogantes es (¿muy?) limitado, o discutible, como lo muestra la llamada teoría del *desayuno*, sostenida por algunos realistas estadounidenses (el desayuno del juez influye en su apreciación del caso y su decisión; el conocimiento del derecho se sustenta en el conocimiento del desayuno –y otros elementos subjetivos o biográficos– del juez).

II. La ciencia del derecho como ciencia específica

La ciencia no permite conocerlo todo. La ciencia del derecho (en adelante se emplea esta expresión para referirse a la ciencia del derecho en el sentido de la teoría general del derecho) es un conocimiento específico. Esto se justifica por dos aspectos: su campo es específico y su método también es específico.

A. Especificidad del campo

Las ciencias que hemos mencionado son insuficientes para un conocimiento del derecho. Su objeto principal de conocimiento no es el derecho. No buscan conocerlo de manera directa; por el contrario, se sirven casi siempre del conocimiento que pueden tener del derecho para conseguir el conocimiento de otro objeto: el funcionamiento social, la causalidad histórica, etc.

La sociología, la historia, la economía, etc., pueden considerarse saberes externos. Explican el derecho por causas externas. Se focalizan sobre los efectos externos del derecho.

La ciencia del derecho se orienta hacia un conocimiento interno. Busca poner en evidencia los fenómenos constitutivos del sistema jurídico y proporcionar una descripción de ese único sistema jurídico desde un punto de vista interno, sin recurrir a elementos explicativos externos al sistema jurídico.

Supongamos que buscáramos saber lo que es el derecho francés con respecto al matrimonio y que abandonáramos de entrada las preguntas no científicas, tales como: ¿qué es el matrimonio en sí mismo? o ¿es necesario eliminar el matrimonio? o aún ¿debe reservarse el matrimonio para personas de sexo diferente? Podríamos entonces establecer lo que es el derecho francés con respecto al matrimonio a partir de varios puntos de vista. Históricamente, al buscar las causas (sociales o textuales) que han llevado a la adopción de los enunciados actuales del Código Civil sobre esas cuestiones o a las interpretaciones de esos enunciados. Sociológicamente, al buscar los efectos de esos enunciados y de esas interpretaciones, tanto sobre las estrategias de los individuos como sobre las representaciones sociales. Así, cada vez se explicaría a partir de consideraciones externas el derecho francés con respecto al matrimonio. La ciencia del derecho establece lo que es el derecho francés con respecto al matrimonio, solo desde el punto de vista interno: establece los significados prescriptivos de los enunciados relativos al matrimonio, lo que implica que establezca las interpretaciones dadas por las autoridades del sistema jurídico francés a esos enunciados. No busca, por ejemplo, saber por cuáles razones externas (morales, religiosas, contextuales, etc.) esos enunciados no mencionan la diferencia de sexo en la definición de lo que debe ser el matrimonio ni cómo esta ausencia de caracterización se articula con una estrategia de reivindicación de la posibilidad de celebrar un matrimonio homosexual. Busca tan solo establecer cuál es la norma: el significado de la ausencia de mención de una diferencia de sexo en los enunciados legislativos. ¿Esta ausencia vale como una autorización?

La respuesta a ese tipo de preguntas no resulta *a priori* evidente. El significado prescriptivo o los significados prescriptivos de un texto jurídico dependen de tomar en cuenta una variedad de elementos del sistema jurídico considerado y, como se ha dicho, de diversas teorías que permitan interpretarlo. En nuestro ejemplo, tomar en cuenta las decisiones adoptadas tanto por el Consejo Constitucional a propósito de la diferencia entre matrimonio y pacto civil de solidaridad (analizados desde el punto de vista de los impedimentos para casarse o unirse en pacto) como por las jurisdicciones, según la invalidez del matrimonio entre dos personas del mismo sexo celebrado por un alcalde, permiten concluir que el significado prescriptivo de la ausencia de mención de la diferencia de sexo en el Código Civil no equivale a autorización del matrimonio entre personas del mismo sexo[2]. Esto muestra así mismo que esta interpretación es construida por las autoridades del sistema (los jueces) en decisiones a las cuales el sistema otorga efectos jurídicos (la autoridad de cosa juzgada), incluso aunque el análisis del texto permitiera pensar que otros significados eran posibles (lo que no está prohibido está supuestamente autorizado), y puede ser que incluso *a priori* sean posibles otros significados.

B. Especificidad del método

El método analítico busca permitir la descripción de los significados. Este método es específico a la ciencia

2 N. del trad.: más allá del ejemplo, se aclara que a partir de la entrada en vigencia de la ley del 18 de mayo de 2013, relativa al matrimonio para todos (*mariage pour tous*), en Francia se autorizó expresamente el matrimonio homosexual.

del derecho: la teoría general del derecho ordena a la doctrina jurídica adoptarlo para poder describir el derecho.

La dogmática (por medio de la cual los juristas se proponen soluciones jurídicas viables o justificadas en otras soluciones que se apoyan en evaluaciones sobre las preferencias de los juristas) no solo no permite una ciencia del derecho, sino que tampoco los juristas encontrarán en otras ciencias que tienen por objeto el derecho los métodos que les permiten acometer su programa científico. No es suficiente para que haya una ciencia del derecho que tenga directamente por objeto el derecho, adoptar cualquier método científico. Debe así mismo adoptar los métodos idóneos para el conocimiento específico (interno). El objeto llamado derecho, desde el punto de vista interno, se funda en el conocimiento de los actos de lenguaje. El método de la ciencia del derecho tiene algo que ver con los métodos de la lingüística, aplicados en este caso a un objeto particular.

Sección 2
La formalización científica

La elaboración de las proposiciones descriptivas que constituyen la ciencia del derecho supone la construcción de conceptos y la implementación de una forma de argumentación. Tal formalización es a la vez la designación de una metodología de investigación y de validación de resultados. Esta formalización se impone en primer lugar por medio del lenguaje objeto

(I) y mediante el recurso a la lógica como estructura argumentativa (II).

I. La elaboración de un lenguaje de la descripción

El del derecho es un lenguaje no científico; una variante del lenguaje natural, del ordinario. Los términos que emplea no obedecen al rigor que se les exige a las proposiciones científicas. Los enunciados jurídicos no describen, sino que cumplen otras funciones; no solo esas funciones no requieren la misma precisión que la descripción, sino que incluso es muy probable que esta precisión les impida a esos enunciados cumplir a la perfección sus funciones prescriptivas. El del derecho es un lenguaje de la ideología. La función de un enunciado jurídico es practico-moral: hacer creer (carácter portador valores), hacer que se haga (carácter directivo). El lenguaje del derecho tiene necesidad de lo impreciso (*flou*).

El lenguaje de la ciencia del derecho no puede contentarse con esas imprecisiones. Tal lenguaje permite distinguir y designar: debe entonces clarificar su lenguaje objeto para poder dar cuenta de él. Los conceptos científicos no son la simple transcripción de las nociones del lenguaje objeto; tampoco son realidades. Se sustentan en el análisis mismo y permiten, a partir de la experiencia, disponer de herramientas de representación necesarias para la descripción, lo que implica la comparación.

La noción de *Constitución* se emplea al menos en dos sentidos diferentes en el lenguaje natural (dogmática, enunciados jurídicos, debate político, etc.). Uno hace referencia a la norma más elevada dentro de un sistema jerárquico; otro, al conjunto de reglas relativas a la organización de los poderes públicos. Puede suceder que esos dos sentidos se yuxtapongan: que la norma jerárquicamente superior de un sistema jurídico contenga todas las cuestiones relativas a la organización de los poderes públicos y que solo se refiera a esas cuestiones. Eso ocurre rara vez. En Francia, por ejemplo, la cuestión relativa a las formas de escrutinio para las elecciones legislativas depende de la ley, es decir, de la Constitución en el segundo sentido señalado, pero de esta en el primero de esos sentidos. Hablar de control de constitucionalidad de las leyes solo tiene sentido ateniéndose al primero de los sentidos de la Constitución. Por otra parte, si se sigue el sentido de ley (acto votado por el Parlamento según el procedimiento legislativo) de conformidad con la Constitución (en ambos sentidos) de 1958, este sentido será sin duda diferente del seguido por el artículo 4.° de la Declaración de los Derechos del Hombre y del Ciudadano cuando prevé que los límites de la libertad solo se determinan por la "ley", pues la Constitución –tanto en el primer sentido como en el segundo– también puede fijar límites a la libertad, … y así continuaría el ciclo…

El método de la ciencia del derecho es analítico: crea conceptos (el de Constitución formal y Constitución material, por ejemplo), los define de tal manera que las proposiciones construidas con esos conceptos serán necesariamente verdaderas. Da cuenta, con la ayuda de esos conceptos y de las proposiciones analíticas involucradas, de un lenguaje objeto (los hechos). La descripción se apoya en la experiencia, pero solo es posible con una operación analítica previa.

II. La adopción de protocolos de argumentación

La argumentación científica obedece a las reglas formalizadas por la lógica. La lógica formal se refiere a la forma de las expresiones y a la validez de los razonamientos. Las proposiciones de la ciencia del derecho se evalúan con respecto a las reglas elaboradas por la lógica formal, tanto en lo que respecta a su forma propia como en la forma en que se relacionan.

Las proposiciones de la ciencia del derecho pueden (como regla general) ser de una de las siguientes cuatro formas: afirmativa (p. ej.: *la Constitución es superior a ley*); negativa (p. ej.: *la Constitución no es superior a la ley*); universal (*todas las constituciones son superiores a la ley*); particular (*las constituciones escritas son superiores a la ley;* que se distingue de una proposición singular, que solo se refiere a un caso como *la Constitución francesa de 4 de octubre de 1958 es superior a la ley*). Esas proposiciones atribuyen un predicado ("superior a la ley") a un sujeto ("la Constitución"). De estas puede decirse que son falsas o verdaderas, sobre todo mediante la verificación de los hechos (los sistemas jurídicos) a los que se refieren.

Más aún, esas proposiciones pueden vincularse entre sí de tal manera que se ponen en evidencia sus relaciones de contrariedad. Por ejemplo: si es verdadero que *toda Constitución es superior a la ley*, entonces es falso que *ninguna Constitución es superior a la ley*. También de contradicción: si es verdadero que *toda Constitución es superior a la ley*, entonces es falso que *exista una Constitución que no sea superior a la ley*. Igualmente, de subordinación: si es verdadero que *toda Constitución es superior a la ley*, es verdadero que *toda Constitución escrita es superior a la ley*. Esas relaciones permiten construir inferencias lógicas, esto es, deducir una proposición a partir de otra u otras (el silogismo, por ejemplo), de tal manera que si la premisa o las premisas pueden considerarse verdaderas, la nueva proposición (conclusión) será a su vez verdadera.

En función de las relaciones que mantienen las proposiciones, la inferencia será formalizada, desde el punto de vista modal, desde el punto de vista de necesidad (si A es verdadero, entonces B es necesariamente verdadero), de contingencia (si A es verdadero, entonces B no es necesariamente verdadero), de posibilidad (si A es verdadero, entonces es posible que B sea verdadero) o de imposibilidad (si A es verdadero, entonces es imposible que B sea verdadero).

Deben hacerse entonces las siguientes precisiones:

En primer lugar, la lógica es una formalización analítica, pues valida una forma de razonamiento (hipotético-deductivo). La ciencia del derecho solo puede elaborar proposiciones verdaderas en la medida en que afirme (y por tanto verifique) que las premisas de su razonamiento (las proposiciones de las que parte) son verdaderas, es decir, si dispone de un mínimo de datos empíricos.

En segundo lugar, la lógica es evidentemente mucho más compleja que lo que las muy breves ilustraciones de la lógica modal (lógica clásica aristotélica) permiten pensar. En lo que concierne a la ciencia del derecho, las modalidades *aléticas*, que son relativas a la verdad, parecen adaptarse por completo a ella. Mas ¿son estas suficientes? Si la ciencia del derecho describe normas y la lógica es aplicable a las proposiciones que describen esas normas, esto no significa que, de cierta manera, ¿la lógica se aplica a las normas mismas? Existiría entonces una lógica deóntica (relativa a las proposiciones prescriptivas) con sus propias modalidades (sobre todo de validez). Esta cuestión es esencial en la teoría general del derecho, y es también en extremo controvertida.

Según ciertos autores (Georg von Wright, sobre todo), la lógica (deóntica) trataría de manera directa las normas (relacionaría proposiciones prescriptivas). Está claro que ello implica una concepción *hilética* de las normas en tanto que entidades ideales y que esto define la ciencia del derecho como una actividad racional de explicación de las normas, entiéndase de clarificación de las condiciones de creación de nuevas normas (en la aplicación de los enunciados o la interpretación en particular).

Según otros autores, y esto es una variante importante, la lógica (deóntica) no sería aplicable a las normas sino de manera indirecta, sea porque solo se referiría a los enunciados normativos (con su pluralidad de significados) o porque solo se referiría a las normas por extrapolación, a partir de las relaciones lógicas entre dos proposiciones que las describen.

En cambio, en sentir de un último grupo de autores, la lógica no es aplicable a las proposiciones prescriptivas. Solo las proposiciones descriptivas (de la ciencia del derecho) son aptas para ser examinadas con respecto a las reglas de la argumentación lógica; pero deben serlo para que se pueda determinar si son verdaderas. Esta última posición es, sin duda, la de una teoría empirista.

SECCIÓN 3
EL ANÁLISIS CRÍTICO DEL LENGUAJE

De las consideraciones precedentes se desprende que la ciencia del derecho es un análisis crítico del lenguaje jurídico. Esta se refiere a los discursos (I), de los cuales proporciona una descripción crítica (II).

I. Un objeto de estudio lingüístico

La filosofía moderna, y en particular la del lenguaje ordinario, ha mostrado que hacemos cosas mediante el lenguaje (Austin). De ahí una teoría de los actos del lenguaje que sin duda interesa al jurista. Según esta teoría, atribuimos sobre todo un significado (en todos los casos, una función) a una proposición lingüística, teniendo en cuenta su locutor (su autor jurídico, si se trata de una prescripción del derecho). Así mismo, según esta teoría algunos enunciados constituyen lo que designan por el hecho de ser proferidos: son los enunciados *performativos*.

En la primera de esas afirmaciones se encuentran las bases teóricas de una concepción positivista de la validez: ciertos enunciados los damos por normativos, como si impusieran derechos y obligaciones jurídicos, habida cuenta del estatus de su autor (*cfr. infra*, título II, cap. I). En la segunda de esas afirmaciones está la base para el análisis del derecho como lenguaje: un discurso que cambia el mundo; un cambio que opera por la sola "fuerza" de un discurso. Así, cuando el alcalde, en aplicación del último inciso del artículo 75 del Código Civil (francés), "declara en nombre de la ley que las partes están unidas por el matrimonio", estas quedarán casadas. La pareja no estará casada antes que la frase sea pronunciada; y estará casada desde cuando la frase haya sido pronunciada, salvo que se obtenga la nulidad del matrimonio. Así también, cuando el presidente de la República francesa firma el decreto que disuelve la Asamblea Nacional, este órgano pierde toda competencia para crear la ley o para revocar al Gobierno. Cuando el Consejo de Estado declara que la ley en cuestión para el caso concreto significa *S*, esta ley tiene a *S* por significado jurídico de ahí en adelante. En todos esos casos, que son típicas situaciones jurídicas, se hacen cosas concretas con el lenguaje, y el sistema jurídico otorga efectos jurídicos a esos actos del lenguaje.

Estudiar de manera crítica el lenguaje jurídico, establecer lo que es, la manera como se obtienen y modifican sus significados, y cuáles son sus efectos sobre otros significados, es por supuesto una necesidad para la ciencia del derecho. No existe otro objeto distinto de ese lenguaje jurídico que pueda llamarse derecho sin contrariar el sentido común, que exista (que sea un fenómeno cuya existencia puede verificarse) y que permita una comprensión interna del sistema jurídico (que no sea objeto de otras labores científicas). Esta necesidad no es negociable, ya que no es una elección que opere por defecto para legitimar un conocimiento formal. No es necesario torturar los hechos para considerar que el lenguaje es indisociable del derecho y que él es la fuente práctica del derecho en acción.

Decir que el objeto de la ciencia es un lenguaje supone, sin embargo, que seamos capaces de distinguir el lenguaje objeto del lenguaje científico (que describe el objeto) e incluso eventualmente ese último lenguaje que se refiere a la ciencia del derecho (que tiene por objeto la ciencia del derecho). La teoría general del derecho elabora entonces una teoría de niveles de lenguaje.

Las proposiciones prescriptivas del derecho (en el sentido más amplio, *cfr. infra*) constituyen el lenguaje objeto. Esas proposiciones no son ni verdaderas ni falsas, pero necesariamente son válidas (si son inválidas, no son normas jurídicas y no son objeto de la ciencia del derecho). Estas constituyen un primer nivel.

Las proposiciones de la ciencia del derecho describen esas proposiciones prescriptivas. Estas son verdaderas o falsas, según que los hechos que designan sean reales o no (verificación empírica) y que el razonamiento que permite formularlas sea verdadero o falso (de conformidad con una actividad analítica, fundada en la lógica formal y la estructura de las proposiciones). Estas constituyen un segundo nivel.

Las proposiciones de la teoría del derecho se refieren a proposiciones descriptivas de la ciencia del derecho (el segundo nivel). Esas proposiciones pueden ser descriptivas cuando describen proposiciones existentes del segundo nivel o prescriptivas (en sentido amplio, incluso las evaluativas) cuando dicen lo que las proposiciones deberían ser. En ese sentido, se refieren a la vez a las proposiciones científicas y a otras proposiciones del segundo nivel (no científicas) que pretenderían referirse a las proposiciones prescriptivas del derecho (evaluaciones, dogmáticas, proposiciones). Estas constituyen un tercer nivel o metaciencia.

II. La crítica a los discursos que se consideran jurídicos

Los discursos que se presentan como jurídicos son en extremo diversos. Proponer una descripción crítica de ellos supone ante todo identificarlos (título II, cap. I: "Teoría de la validez") y distinguirlos (título II, cap. III, "Teoría de las fuentes"). Al respecto, puede comprobarse que existen varias tipologías posibles y que todas confluyen hacia los enunciados: los actos de atribución de significado (normas), los actos de concretización de los enunciados o de las normas, los discursos de justificación (consideraciones). Esos actos diversos pueden a veces superponerse (un acto de concretización de un enunciado le atribuye un significado a ese enunciado) o a veces separarse. Todos constituyen con sus especificidades el objeto de la ciencia del derecho.

La crítica que implica la ciencia del derecho es una crítica lingüística: un análisis crítico del lenguaje. Por otra parte, cualesquiera que sean las escogencias hechas respecto de teorías particulares (en especial validez, fuentes, interpretación), la ciencia del derecho, en el sentido de una teoría general del derecho, se sustenta en varios enfoques.

En primer lugar, se tratará de determinar los significados por medio de un análisis lingüístico, para lo cual se acudirá a las reglas gramaticales y de sintaxis (las reglas del lenguaje), luego a las reglas semánticas (que se apoyan en la lexicología –la determinación de los usos efectivos– y en el análisis de la referencia –el vínculo entre el signo y el objeto exterior que designa–) y por último, a las reglas lógico-sistemáticas (determinar los significados de un enunciado en función de otros significados de otros enunciados dentro del mismo sistema y determinar sobre todo los efectos de jerarquía, de generalidad o de especialidad, incluso de cronología). Habrá que debatir para saber si esta determinación de los significados mediante el análisis lingüístico es la única tarea de la ciencia del derecho o si es una de sus tareas. Será también necesario discutir para saber si esa determinación expresa normas o directivas práctico-morales. Se deberá por último discutir si la determinación de esos significados se limita a los enunciados analizables como directivas práctico-morales o si también se refiere a los actos de concretización (que son tal vez y también en este caso directivas práctico-morales). Resta decir que esta determinación (llamada interpretación científica) rara vez permite conservar un significado único, pues esta consiste más bien en determinar un marco de significados para dejar abierta la pregunta sobre la escogencia del significado en la concretización (y sobre la manera como esas escogencias se tienen en cuenta para la descripción).

A continuación se podrá –y esa es una de las tareas más probables de la ciencia del derecho– distinguir los significados posibles, en particular con respecto a la axiología que estos traducen: establecer el significado político posible de los significados (con particular interés en los significados efectivamente retenidos, ya sea que estén dentro o fuera del marco).

Se pueden, por último, conectar los significados entre sistemas, para los fines de la comparación.

Léase también:

Bobbio, N., *Essais de théorie du droit*, Paris, LGDJ, 1998.

Brunet, P., "Alf Ross et la conception référentielle de la signification en droit", en *Droit et Société*, n.° 50, 2002.

Champeil-Desplats, V., "Alf Ross: droit et logique", en *Droit et Société*, n.° 50, 2002.

Guastini, R., *Lezioni di teoria analitica del diritto*, Turín, Giappichelli,1982.

Ross, A., "Les impératifs et la logique", en *Introduction à l'empirisme juridique,* Paris, LGDJ, 2004.

TÍTULO II
GRANDES CUESTIONES TEÓRICAS

Toda teoría general del derecho debe comenzar por indicar qué entiende por derecho vigente, elaborando entonces su concepción de la validez (cap. I). Esta concepción está ligada de forma estrecha a la comprensión de la operación de interpretación (cap. II) que, a su turno, condiciona una teoría de las fuentes del derecho (cap. III). En definitiva, esas teorías dependen de la concepción normativa o empírica de la ciencia del derecho: de una teoría de la imputación y de la causalidad (cap. IV).

CAPÍTULO I

CUATRO TEORÍAS DE LA VALIDEZ

Asignar a la ciencia del derecho la descripción del derecho positivo le impone a la teoría del derecho la necesidad de definir lo que se entiende por derecho positivo, esto es, cómo lo concibe y según cuáles criterios lo identifica. Esta debe entonces ofrecer una teoría de la validez jurídica. Ahora bien, varias concepciones de la validez pueden entreverse para esta tarea (sin duda, se deja de lado toda concepción absolutista de la validez que caracteriza, por ejemplo, las concepciones iusnaturalistas –el derecho objetivamente válido en tanto justo– o las concepciones pseudopositivistas –la obligación objetiva de obediencia al poder– *cfr. supra,* título I, cap. I).

La concepción normativista, con posterioridad a Kelsen, fundamenta el análisis científico de la validez en una comprensión del derecho como sistema de normas y, en últimas, en una ficción necesaria (sección 1). A esto se oponen, bajo títulos y grados diversos, Ross (sección 2), Hart (sección 3) y Bobbio (sección 4).

SECCIÓN 1
LA CONCEPCIÓN DE KELSEN

En su proyecto constante de constitución de una ciencia jurídica específica que verse sobre la descripción de las normas, Kelsen evolucionó de forma considerable. Uno de los puntos esenciales de esta evolución fue tomar en cuenta, de manera progresiva, la dimensión dinámica del derecho: este no es solo un sistema de normas ordenadas de manera estática; es también un sistema que prevé sus propias condiciones de evolución (I). Así, la validez de una norma se pone por completo en relación formal o procedimental con la validez de otra norma del mismo sistema, lo que se traduce en el concepto de jerarquía de normas (II). Ahora bien, es evidente que dicho concepto de validez, ligado a la jerarquía de las normas, no puede aplicarse a la norma más elevada del sistema. Esta no puede depender de otra norma de dicho sistema, por lo cual Kelsen debió referirse, en desarrollo de su labor científica, a una ficción: la de la norma fundamental (III).

I. Estática y dinámica del derecho

Según Kelsen, las proposiciones que describen el derecho son juicios hipotéticos: enuncian que, *según* un orden jurídico determinado, si algunas condiciones previstas por ese orden se cumplen, algunas consecuencias *deben* ocurrir. La ciencia del derecho es una ciencia normativa en ese sentido.

Según esta teoría, la validez es la modalidad específica de existencia de una norma. Por consiguiente, una norma es válida solo con respecto a otra norma. En efecto, lo que debe ser (la norma) no puede derivarse de lo que es (un hecho o un acto). Un sistema jurídico es un conjunto de normas cuya unidad es el resultado de que la validez de cada una dependa, en última instancia, de una misma y sola norma. Esta norma es la norma superior y primaria del sistema (por lo general, una Constitución). Cuando una norma extrae su validez de su conformidad con otra norma, decimos que esas normas tienen una relación jerárquica: la segunda es superior a la primera. Un sistema jurídico es un sistema de normas jerarquizadas.

Esa relación de jerarquía (de conformidad) entre normas puede comprenderse en dos sentidos, tal como de manera efectiva y sucesiva lo comprendió Kelsen; aun si numerosos juristas y en su mayoría no juristas solo comprenden esto en su versión estática, de cierto la más simple, pero también la menos fundamentada si se le toma de forma aislada.

Podemos, como primera medida, vislumbrar una relación entre normas desde un punto de vista estático. Supongamos, por ejemplo, que la Constitución *N1* de un sistema jurídico dado prohíba la pena de muerte, sin más precisiones, y que una ley *N2* de ese sistema jurídico autorice la pena de muerte, en casos muy específicos, como el estado de guerra. La mayoría de las veces consideraremos que una ley tipo *N2* no es válida: diremos sin adelantar mayor proceso que esa ley no es conforme a la Constitución, que el

Parlamento no tenía el poder de adoptar esa ley; en fin, tendremos serias dudas sobre si se trata de una norma del sistema. Al hacer aquello, nos atenemos solo al contenido inmediato de las normas discutidas (a decir verdad, también nos atenemos solo a enunciados cuya significación puede ser más compleja que la que aparece a primera vista: *cfr.* capítulo siguiente). A esa relación de conformidad entre contenidos de normas se le llama validez material. Ello no es suficiente, ni siquiera necesario, según Kelsen, para sustentar la validez de las normas jurídicas. Es cierto que el solo análisis de la validez material no esclarece nada sobre lo que debe pasar como consecuencia de esa no-conformidad. Quedan así preguntas como: ¿debemos o no respetar la ley? ¿Existe una autorización válida para recurrir a la pena de muerte en caso de guerra? ¿Podemos incluso decir que se trata de una ley?

Una norma (y sobre todo la norma superior) no tiene necesaria y únicamente por función (e incluso como contenido) prescribir una conducta humana (una prohibición o una autorización, por ejemplo). El contenido y la función de la norma constitucional no se limitan tampoco a tal significado, en apariencia inmediato, de tal disposición específica del enunciado constitucional (por ejemplo, del artículo que establece: "Se prohíbe aplicar la pena de muerte"). En efecto, el significado de dicha prohibición constitucional depende también del significado de otras disposiciones del mismo enunciado constitucional. Con mucha frecuencia, una norma habilita, es decir, autoriza a una autoridad para crear otra norma, dentro de ciertos límites (y en ciertas condiciones), que pueden ser materiales y procedimentales. Es la norma superior (en estructura) u otra norma igualmente superior (aunque aquí de lógica se trataría de una metanorma), la que define el verdadero contenido de la relación jerárquica con la norma inferior, es decir, el fundamento de validez de esta norma inferior.

En nuestro ejemplo sobre un sistema dado, si la Constitución prevé que el legislador puede expedir la ley sin control alguno, la Constitución es superior a la ley en el sentido de que esta es válida con fundamento en la habilitación constitucional dada al legislador, pero la Constitución no es superior a la ley en el sentido de que una ley que no respetara una prohibición contenida en el acto constitucional (como la ley que autoriza la pena de muerte mientras que el enunciado constitucional la prohíbe sin más precisión) no podría ser válida. La ley es válida porque fue adoptada por la autoridad designada por la Constitución y según el procedimiento previsto por esta: se habla aquí de validez estructural o formal. Pero como este procedimiento no prevé que pueda haber un límite material del poder legislativo, esta validez estructural tampoco prevé la necesidad de una validez de tipo material. Entonces, tal vez se pueda considerar que la prohibición fijada por el acto constitucional no es una norma, según la misma norma constitucional. Esta segunda concepción del sistema jurídico se denomina dinámica, puesto que aprehende los mecanismos de evolución del sistema mismo.

II. La teoría de la jerarquía de normas

La jerarquía de normas no podría reducirse a su representación bajo la forma de estratos, a la cual se llega con la ayuda de la pirámide de las normas que usan y de la que abusan los juristas. Si Kelsen se refirió a ella, fue en gran medida bajo la influencia de Merkl y antes de lograr una formalización completa de la concepción dinámica. Sobre todo, la pirámide es una representación estática de los enunciados (de ciertas fuentes entonces: *cfr.* cap. III), no una comprensión de la relación entre significados válidos (entre normas).

La teoría de Kelsen, por ser dinámica, es una teoría formal. El criterio de la jerarquía que propone no se apoya en la comparación de los contenidos de las normas, sino en el análisis de los procesos de su producción. Desde ese punto de vista, una norma es válida si y solo si ha sido producida conforme a una norma, llamada superior, que es por sí misma válida en el sistema. La jerarquía de las normas es la teoría de un sistema jurídico que organiza él mismo su propia evolución, que prevé en qué condiciones las normas lo modifican, ya sea al añadirse a las normas existentes, al derogarlas o al modificarles el contenido.

Decir eso no significa que toda dimensión de tipo estático esté excluida y sobre todo que no haya jamás ninguna exigencia de conformidad material de una norma inferior frente a la norma superior. Esto significa únicamente que solo la concepción dinámica es necesaria y que la dimensión estática dependerá de las contingencias ligadas a normas determinadas.

Para que la dimensión de conformidad material sea integrada a las condiciones de validez de una norma en un sistema, es necesario por ejemplo que una norma de ese sistema habilite a una autoridad para sancionar la producción de un acto no conforme a una norma superior y privarlo de validez. Esto sucede cuando se implementa un control de constitucionalidad de parte de una norma constitucional, según las condiciones previstas en dicha norma.

Cuando una proposición de la ciencia (normativista) del derecho dice que una norma existe, ello quiere decir que un significado prescriptivo de determinado acto es válido. La validez es por tanto la modalidad específica de existencia de una norma, y las condiciones de validez de esta son perfectamente idénticas a las reglas de su producción. La jerarquía de normas describe los procesos de producción de las normas.

III. La ficción de la norma fundamental

Una de las dificultades más evidentes de esta teoría de la validez reside en su carácter circular: una norma es válida si y solo si se produce conforme a las modalidades previstas por otra norma (que es, por definición, válida en el mismo sistema). ¿Qué sucede cuando se llega a la norma primaria, superior? Si ella sustenta la validez de otras normas (llamadas derivadas) y por consiguiente la unidad del sistema, solo puede hacerlo, según las premisas de Kelsen, porque es una norma; y no sería una norma si no fuera válida conforme a otra norma.

Así, o la norma llamada primaria o superior es una norma, pero no podría entonces ser en realidad primaria o superior (sería necesario buscar cuál sería la norma que sustentaría su validez y seguir así al infinito), o bien es primaria y superior, pero no es entonces una norma (y no podría sustentar la validez de otras normas).

El problema parece irresoluble, pero Kelsen muestra que es posible salir de esa circularidad, en el marco de un enfoque normativista. Puesto que la norma denominada primaria y superior de un sistema de normas jerarquizadas (la Constitución, en nuestros ejemplos) debe ser aceptada como válida con el fin de que puedan describirse las normas que constituyen ese sistema, es necesario presuponer una norma que ofrezca el fundamento de validez de la norma primaria. Esta presuposición se sustenta en una ficción (Kelsen habla de hipótesis, pero una hipótesis debe poder ser verificada): la norma fundamental.

Al respecto, deben realizarse varias precisiones:

Primero, es conveniente disipar una confusión frecuente: la Constitución no es la norma fundamental. El acto constituyente existe, no ha sido presupuesto. Lo que resulta necesario justificar en el enfoque científico es su carácter de norma: su validez, y por consiguiente, la validez del sistema cuya norma superior es la Constitución (donde las normas fundan su validez en ella). Por ello, según el enfoque kelseniano, somos conducidos a presuponer otra norma, ficticia: la norma fundamental (más adelante veremos que la concepción de Hart difiere en este punto).

En segundo lugar y sobre todo, esta ficción sirve solo para el enfoque científico: es un presupuesto de la teoría general del derecho que consiste en designar como válido (afirmar que es derecho positivo) un sistema normativo, para permitir una descripción que se apoya en la validez, es decir, una descripción de las normas válidas. Esta ficción permite una estrategia científica: aceptar como derecho positivo determinado sistema porque es efectivo (porque su norma superior y primaria existe efectivamente y produce efectos), sin tener que recurrir a una explicación de tipo histórico (el acto constituyente) o político (el contenido de la norma superior y primaria y en particular sus valores). Esta sería la única estrategia coherente posible de una teoría pura del derecho entendida en sentido estricto. Pero permite una estrategia científica que no es por otra parte del todo arbitraria. En efecto, existen buenas razones para aceptar algunos sistemas normativos como derecho positivo, porque tienen cierta eficacia social. Si bien esta eficacia social (que es un hecho) no puede ser el fundamento de validez de una norma (la ley de Hume se opone, al menos para la concepción hilética de la norma planteada por Kelsen), esta se encuentra en el corazón de la estrategia de descripción. Lo que conduce a Kelsen a proponer un contenido para esta norma presupuesta, a saber, la siguiente ficción: "Debemos comportarnos de la forma como la Constitución lo ordena", en tanto que el orden jurídico cuya Constitución es la norma superior es eficaz, en cuanto esas normas son efectivamente obedecidas y aplicadas, de manera general.

La eficacia, reconoce Kelsen, es una condición de la validez, pero no es la validez. Incluso se trata solo de la eficacia del sistema y no de la efectividad de cada una de las normas que lo componen.

Se cometería un error (en efecto se comete, como se verá) al considerar que esta norma fundamental desempeña otro papel distinto del que se ha mencionado: proporcionar la condición lógica trascendental de la interpretación, mediante la ciencia del derecho, de un hecho considerado válido en sentido jurídico. Se trata de una condición de atribución de significado jurídico objetivo a un acto subjetivamente aceptado como tal. No le corresponde al enfoque normativista prescribir una directiva práctica de obediencia a un orden que juzgaría política o moralmente válido, ni tampoco asimilar la descripción de las normas a la de los hechos. Debe reconocérsele cuando menos a Kelsen el mérito de la coherencia, pues no se alejó de esta exigencia de pureza.

Sin embargo, esta concepción puede generar otras dificultades, de las cuales parten concepciones concurrentes sobre la validez en la teoría general del derecho.

Puede preguntarse sobre todo si esta concepción extrae todas las consecuencias de la caracterización de la norma como significado. En efecto, el proceso de producción que formaliza una jerarquía estructural de normas da cuenta de manera fácil de la producción de los enunciados; más difícilmente, tal vez, que con el proceso de producción de significados (válidos), como quiera que este enfoque excluye normalmente de la ciencia del derecho la producción auténtica de significados (*cfr.* capítulo siguiente).

Además, la jerarquía de normas no es una característica evidente y fija del sistema jurídico, dada *a priori*; por el contrario, parece más bien algo construido por las autoridades del sistema, en particular cuando deben resolver antinomias (y privar de validez una de las normas).

Por último, y sobre todo, la jerarquía de normas no es, sin duda, única ni unitaria dentro de un mismo sistema de derecho positivo, como lo ha indicado Riccardo Guastini. Aunque Kelsen solo consideraba (necesaria) la jerarquía de las normas desde un punto de vista formal o estructural, él mismo admitió que existía también esta jerarquía material entre contenidos de normas (como consecuencia en algunos casos de cierta jerarquía estructural: por ejemplo, en el caso de una Constitución que no puede ser modificada por el procedimiento legislativo y que instaura un control de constitucionalidad sobre la ley). Existen además jerarquías lingüísticas o lógicas, por ejemplo, entre dos normas del mismo nivel cuando una deroga a la otra; y existe sobre todo una jerarquía axiológica (móvil, pues es construida por las autoridades del sistema en función de casos concretos) cuando se trata sobre todo de conciliar, de "ponderar", dos principios contenidos en normas del mismo nivel (por ejemplo, dos artículos de la Constitución), que parecen contradictorias. Para utilizar un caso relativamente frecuente, puede ser la protección de la libertad individual y la salvaguarda del orden público.

El resultado de esto será en cada ocasión similar: un efecto sobre la validez de uno de los principios, sobre su *existencia* como principio *jurídico*.

Se dirá entonces que, a su manera, cada una de esas críticas pretende reintegrar a la teoría la consideración de ciertos hechos (y sobre todo de los juicios de validez realizados) que conducen a una teoría empirista de la validez.

Sección 2
La concepción de Ross

Ross propone una primera crítica empirista a la concepción kelseniana de la validez. Fue percibida como demasiado radical, tal vez comportando el riesgo de deber renunciar hasta al concepto mismo de validez, cosa que no admiten todas las teorías empiristas.

Según este autor, el término *validez* se usa en tres sentidos y con tres funciones diferentes. En primer lugar, desde un punto de vista interno, dicho término indica si un acto produce los efectos jurídicos buscados. Por ejemplo, si un acto administrativo o un contrato es válido o nulo. El punto de vista es interno, ya que el acto solo es válido *en función* de otra norma. Esto parece conforme tanto con el uso doctrinal como con el uso teórico normativista. Según Ross, esta utilización corresponde a un juicio interno de validez, en el cual se aplica una regla de derecho a un hecho. No se trata de la utilización de un concepto teórico-descriptivo, sino de un instrumento práctico cuya función es performativa: el contrato es válido porque el juicio sobre él lo declara válido (de donde surge la pregunta sobre la autoridad que puede realizar de manera válida dicho juicio).

En segundo lugar, la validez significa la existencia de una norma o de un sistema de normas; no la modalidad específica de existencia, como lo entendía Kelsen, sino la existencia efectiva en la realidad. La regla llamada válida no es imaginaria, pues existe. El punto de vista aquí es externo: no consiste en un juicio de validez (interno, en función de otras normas), sino en emitir una aserción (externa) *a propósito* de la regla. El concepto es entonces teórico-descriptivo, y tiene una función de descripción de lo que es (de donde surge la pregunta sobre la verdad y la verificación). Se inscribe sin duda en una concepción empírica según la cual la ciencia no describe sino los hechos.

En tercer y último lugar, la validez significa una propiedad particular de un sistema normativo: su fuerza obligatoria o la obligación moral de someterse a él. El punto de vista aquí no es ni jurídico (interno) ni científico (externo). Es un juicio político-moral *a priori,* del que se sirve el iusnaturalismo o el pseudopositivismo. Esta propiedad no es evidentemente una particularidad de un sistema normativo, sino el resultado de una atribución subjetiva en función de un juicio de valor.

Ross estima que la validez en un sentido normativista, y sobre todo la presuposición de la norma fundamental, da testimonio del carácter pseudopositivista del normativismo, pues esta corresponde al tercer sentido. Esta apreciación no es aceptable, como ya se mostró.

Queda entonces que la distinción entre el punto de vista externo y el interno, entre el juicio de validez en función de la norma y la aserción a propósito de ella, es esencial y fructífera. Una teoría empírica no puede buscar sino aserciones a propósito de las normas. Ross reconoce que el uso del término *validez* para designar la existencia fáctica de una norma es nada menos que tradicional. Si describir las normas que existen sin embargo es el objeto de una ciencia empírica del derecho, esto significa tal vez que esta ciencia no tiene necesidad de un concepto de validez, pues bastaría con comprobar que las normas "son efectivas". Y de este modo, Ross podría prescindir sin mayores consecuencias de todo concepto de validez.

Sin duda una ciencia del derecho que se contentara con inventariar normas efectivas permitiría un saber específico sobre el derecho. No puede dejarse de lado en la descripción de las normas efectivas que no las conocemos sino por los juicios de validez que han formulado las autoridades. No se puede dejar de lado tampoco que esas normas efectivas constituyen una unidad sistémica. Aun si podemos tener otro criterio distinto del kelseniano de la validez (si podemos entonces prescindir de la norma fundamental en un enfoque empirista), no podemos sin duda prescindir de la idea de validez. Además, el mismo Ross lo reconocía. El tercer sentido de la validez no se refiere a una cualidad objetiva del sistema jurídico, sino a una evaluación moral; y Ross critica esta valoración moral cuando surge de la dogmática jurídica o de la filosofía (de cierta forma del saber). Pero reconoce por otra parte que si podemos hablar del sistema jurídico como válido en el segundo sentido (si podemos afirmar la existencia de un sistema jurídico), es porque hay una forma de eficacia. Ahora bien, esta forma de eficacia, indica él, se sujeta a que nos representemos como racional un conjunto de fenómenos ligados a nuestra educación, a nuestro miedo a la sanción, a nuestro respeto de los actos de ciertas autoridades, o por las autoridades mismas. Esta racionalización es sin duda ilusoria, pero presentamos una regla como válida, o un sistema como válido, cuando esos elementos nos la hacen percibir socialmente como obligatoria. Ese no es el concepto de Kelsen. Pero es un concepto útil para una teoría empirista, al menos en un estado de la teoría general del derecho.

Sección 3
La concepción de Hart

Hart propone un concepto de validez que parte de una crítica conjunta del formalismo clásico y del empirismo radical. Su posición puede verse en definitiva como una reformulación analítica del concepto normativista de validez.

El derecho según Hart es una unión de normas primarias y secundarias. Las normas primarias se refieren a la conducta humana, al prescribir comportamientos (imponiendo derechos y obligaciones). Si el ordenamiento jurídico solo estuviera compuesto de reglas de este tipo, encontraríamos dificultades prácticas insuperables: problemas de eficacia (la cuestión de la sanción), de evolución (la cuestión de la modificación de las reglas) y de identificación (la cuestión de la validez). Es entonces necesario que un sistema jurídico más elaborado disponga, además de las reglas primarias, de reglas de otro tipo, que se llamarán reglas secundarias, que permitan introducir en el orden jurídico el poder de sancionar, el poder de hacer evolucionar y el poder de reconocer como válida una norma. Esas reglas secundarias serán entonces de cambio, de decisión (adjudicación) y de reconocimiento. Esas reglas secundarias atribuyen poderes, pues designan autoridades que pueden modificar reglas, que pueden buscar la eficacia de estas y que pueden sobre todo, mediante juicios de validez, identificar las reglas en cuanto normas del sistema jurídico.

Entre las normas de reconocimiento hay una norma de reconocimiento particular, la regla de reconocimiento suprema y última: la que permite sustentar todos los juicios de validez sobre todas las normas del sistema, sin que exista norma alguna del sistema que permita sustentar un juicio sobre su propia validez. De alguna manera se reconoce aquí el problema que planteaba Kelsen a propósito de la Constitución y al que respondía con la ficción de la norma fundamental. La concepción de Hart difiere aquí de forma considerable.

Deben entonces precisarse dos puntos de vista. En primer lugar, no está de más recordar que Hart razona a propósito del sistema jurídico que conoce mejor, aun si evidentemente su teoría es general; es decir, partiendo del sistema británico caracterizado sobre todo por la ausencia de una Constitución escrita. En segundo lugar, debe señalarse la importancia que Hart le da a la distinción entre la visión interna sobre las reglas y la visión externa sobre los comportamientos (sin extraer las mismas consecuencias que Ross). La visión externa se refiere a los hechos y describe, por ejemplo, la repetición de ciertos comportamientos. Según Hart, esta visión no permite contemplar la importancia de la regla (de la obligación). La mirada interna es por su parte específica a todo ordenamiento normativo: consiste en la actitud de reflexión crítica con respecto a los comportamientos, incluso la autocrítica (los juicios entonces en el sentido más amplio), lo cual manifiesta la consideración de la idea de obligación. Esta segunda visión presupone la existencia de una regla de reconocimiento para identificar las obligaciones. Así, toda cuestión de validez será, según Hart, una cuestión de juicio interno: este solo puede operar dentro del sistema de reglas, es decir, según otra regla, hasta la regla última y suprema de reconocimiento.

Al referirse a esta, Hart pudo entonces distinguir dos cosas: su existencia y su validez. La existencia de la regla de reconocimiento es según Hart una cuestión de hecho. Puede establecerse por un juicio externo de hecho y que tiene en cuenta una forma compleja de la práctica del derecho (de los comportamientos). La eficacia del orden normativo es, en resumen, la señal de que este existe. La norma de reconocimiento es una ideología normativa constatable en la práctica. No hay entonces ninguna necesidad para presuponer una cosa que no existe, ni de acudir a una ficción para dar cuenta de ello. En cambio, la cuestión de la validez de esta regla no puede establecerse por un juicio externo, puesto que toda cuestión de validez es una cuestión de juicio interno; pero tampoco por un juicio interno de validez (que supone otra regla para fundamentarlo). Esta validez solo podrá suponerse (por la teoría general del derecho). En consecuencia, la norma de reconocimiento no es una norma de derecho positivo.

A diferencia de Kelsen, Hart no hace depender la validez de una ficción, sino que la vincula a un hecho: a una regla que existe. La doctrina no decide considerar un ordenamiento jurídico como algo existente en razón a su eficacia, sino que comprueba que este orden jurídico existe porque es eficaz (porque efectivamente esta norma de reconocimiento produce efectos). Pero, a diferencia de Ross, Hart no renuncia a todo criterio interno de validez en la labor científica, ya que la doctrina debe suponer la validez de la norma de reconocimiento suprema y última para así poder describir las normas del sistema. Puesto que, como Kelsen, Hart parece no vislumbrar que la ciencia del derecho pueda consistir en aserciones sobre los hechos, pues esta debe describir las reglas desde un punto de vista interno (es decir, describir lo que debe ser). Al mantener la exclusión de toda ciencia empírica del derecho, Hart reformuló el concepto normativista de validez.

Sección 4
La concepción de Bobbio

Bobbio criticó tanto la concepción de Hart como la de Kelsen, señalando un redoblamiento filosófico inútil de las normas.

¿Qué quiere decir que se presupone que es necesario conducirse como la Constitución lo prescribe, mientras que justamente esta Constitución, si tiene algún significado prescriptivo, indica que es necesario conducirse como ella lo prescribe? Es una redundancia desde el punto de vista empírico.

¿Qué quiere decir suponer que la ideología normativa (la norma de reconocimiento) es válida? Aquí también hay redundancia, porque esta ideología afirma justamente (y sirve justamente para justificar) que la práctica jurídica es válida y que cierta práctica social de poder es válida.

El hecho es que existe una Constitución, entendida como una norma que por una parte afirma que deben darse por válidos los modos de producción de normas y que por otra parte es eficaz de manera general, puesto que las normas así producidas tienen cierto efecto jurídico. No hay necesidad de presuponer *además* una norma que no sea de derecho positivo, ni de suponer la validez de una norma que no es de derecho positivo. Bastaría con describir la norma de derecho positivo mediante sus efectos. La teoría general del derecho no tiene necesidad de una norma fundamental ni de una norma de reconocimiento. La validez, entonces, no busca establecer de manera prioritaria la existencia del orden jurídico normativo, que se mantiene como una cuestión empírica de hecho. Mas la existencia de este ordenamiento jurídico se manifiesta por la existencia de juicios de validez, que construyen jerarquías de normas múltiples y complejas, a veces variables, otras veces concurrentes. Lo que encontramos de nuevo aquí son hechos.

Este orden jurídico es a la vez estático y dinámico. La validez formal (el modo de producción según la perspectiva dinámica) y la validez material (la conformidad del contenido según la perspectiva estática) son ambas necesarias para la descripción del derecho positivo, porque están presentes en este. La validez material es en efecto importante porque, por ejemplo, en la resolución de ciertas antinomias, puede primar sobre la validez formal. Cuando un juez priva de validez una ley contraria a otra ley (cuando dice entonces cuál norma existe), hace prevalecer el criterio material (priva de validez un contenido) sobre el criterio formal (las dos leyes se produjeron según un proceso que no les altera la validez formal); y si lo hace invocando el principio no escrito según el cual la ley posterior prima sobre la anterior, le da a ese principio una validez que se apoya en un fundamento material (la norma existe en razón de su contenido), aun cuando este no haya sido producido como una norma conforme a otra norma.

Tales son los juicios de validez del derecho: señalan que una norma es válida (que existe). Y ese concepto de validez que movilizan es más complejo que la simple validez estructural. Esos son los juicios que pretende describir una ciencia empírica del derecho. Una teoría general del derecho que quiera ser empirista tiene necesidad también de un concepto de validez como el que propone Bobbio, esto es, que autorice aserciones sobre los hechos. El concepto de validez de Ross permite una teoría del empirismo, mientras que el de Bobbio permite realizar el programa de esta teoría.

Léase también:

BOBBIO, N., "Nouvelles réflexions sur les normes primaires et secondaires", en *Essais de théorie du droit*, Paris, LGDJ, 1998.

HART, H. L. A., *Le concept de droit*, Bruselas, Publications des Facultés universitaires de Saint-Louis, 1976.

JOUANJAN, O. (dir.), dossier "Théories réalistes du droit", en *Annales de la faculté de droit de Strasbourg*, n.° 4, 2000.

ROSS, A., "La validité et le conflit entre le positivisme et le droit naturel", en *Introduction á l'empirisme juridique*, Paris, LGDJ,2004.

TROPER, M., "Ross, Kelsen et la validité", en *La théorie du droit, le droit, l'État*, Paris, PUF, 2001.

CAPÍTULO II
DOS TEORÍAS DE LA INTERPRETACIÓN

Las teorías normativistas sostienen que se pueden describir las normas y, por ende, describir lo que debe ser. Necesariamente, esas teorías deben clarificar por qué medio pueden llevar al conocimiento de ese deber ser. Ese medio moviliza una teoría de la interpretación como acto de conocimiento, es decir, la interpretación concebida como una operación intelectual de determinación del sentido de las normas jurídicas (sección 1). Por el contrario, las teorías empiristas no pretenden describir lo que debe ser. Estas estiman que no se puede llegar a este conocimiento mediante una simple operación intelectual, pues solo se puede llegar a conocer ciertos hechos, aquellos por los cuales una autoridad decide fijar un significado prescriptivo (sección 2).

Sección 1
Teoría de la interpretación-conocimiento

Una teoría de la interpretación-conocimiento sostiene que el conocimiento de las normas es posible. Afirma que las normas son ciertos significados de determinados enunciados y que es posible conocer esos significados. Una teoría de este tipo debe ante todo indicar cuál es la operación intelectual a la que apunta con el término *interpretación* (I); luego debe elucidar sus métodos (II). Así será entonces posible apreciar el alcance de este conocimiento.

I. Determinar el sentido de los enunciados

En primer lugar, conviene observar que el término *interpretación* es utilizado por los juristas en sentidos bastante diversos y, a veces, muy contradictorios. Es claro que una teoría de la interpretación-conocimiento no busca responder a todos esos usos.

Se habla de interpretación en por lo menos cinco sentidos (solo se hará referencia a las acepciones que se refieren a la *interpretación* como una acción –interpretar– y no a las que se refieren al resultado de esta acción: el significado atribuido por medio del acto de interpretar).

Una primera acepción designa la operación intelectual que busca determinar el significado de un enunciado: por ejemplo, cuando me pregunto lo que significa jurídicamente el artículo 4.° del Código Civil francés ("El juez que rehúse juzgar, so pretexto del silencio, la oscuridad o insuficiencia de la ley, podrá ser procesado como culpable de denegación de justicia").

Una segunda acepción designa la operación intelectual que consiste en calificar de manera jurídica los hechos: por ejemplo, si tal magistrado rehúsa proferir una decisión, se trata de determinar si es posible perseguirlo bajo el fundamento del artículo

4.° en función de los hechos del caso (es posible que esos hechos nos enseñen que, en realidad, el juez rehusó juzgar por otra razón: supongamos que fue consultado por la misma persona por quinta vez, por los mismos hechos y con los mismos argumentos y ha rehusado juzgar para respetar la cosa juzgada).

Una tercera acepción designa el acto de voluntad que consiste en escoger un significado entre una pluralidad de significados posibles de un mismo enunciado. Por ejemplo, puede fácilmente considerarse que el precitado artículo 4.° puede tener *a priori* varios significados, según el significado que se tenga de la palabra *ley* (el texto votado por el Parlamento según el procedimiento legislativo; todo acto general, abstracto e impersonal, etc.) o decidir si tal artículo se refiere solo a los actos legislativos o todos los actos de contenido general (por ejemplo, un decreto reglamentario); y todo ello correspondería a interpretar en ese tercer sentido.

Una cuarta acepción se refiere a la interpretación como el acto de voluntad que busca escoger una solución entre varias soluciones posibles, en función de la interpretación adoptada. Por ejemplo, decidir si se debe perseguir o no al juez que hubiere rehusado juzgar so pretexto de la oscuridad de la ley, considerando que se entenderá (por una operación que corresponde a la tercera acepción o a la primera) que el artículo le confiere al magistrado un margen de apreciación ("*podrá* ser perseguido").

Según una quinta acepción, la interpretación designa aquella operación con miras a justificar una solución o un significado que han sido retenidos por el operador. Por ejemplo, si en la operación aplicada en la tercera acepción se busca invocar el cambio del sentido del artículo 4.°, entre el momento de su redacción (1804, no se conocían los decretos autónomos reglamentarios) y la época actual.

Cabe señalar que, según las tres últimas acepciones, la interpretación se refiere sin duda a actos de voluntad. Estos no pueden provenir de una teoría del conocimiento (con respecto a la quinta acepción, esta podría discutirse haciendo aparecer una operación intelectual como el silogismo jurídico; pero ese silogismo es en sí mismo discutible, como pronto se verá). La segunda acepción busca en realidad una interpretación, no del derecho existente, sino de los hechos (sin embargo, es dudoso que se trate de un simple acto de conocimiento). Solo la primera acepción, la que consiste en determinar el sentido de un enunciado jurídico, puede eventualmente provenir de una teoría de la interpretación-conocimiento.

II. Métodos científicos de la interpretación

Los métodos que permiten una interpretación científica se distinguen con facilidad de los métodos preconizados por el derecho positivo y la dogmática jurídica.

El derecho positivo tiene una función prescriptiva que no nos enseña nada sobre los métodos de conocimiento. Se trata en primera instancia de la interpretación en su tercera acepción. Puede imponerse un método de interpretación como lo hace, por ejemplo, el artículo 111-4 del Código Penal francés, según el cual "la ley penal es de interpretación estricta" (lo que evidentemente debe interpretarse para saber lo que puede llegar a significar una "interpretación estricta"). Puede negarse que haya necesidad de interpretación (que haya necesidad de determinar el significado de un enunciado): es el caso, por ejemplo, de la teoría jurisprudencial del acto *claro*[3]. También puede darse una función directiva de la enunciación: por ejemplo, con la exigencia que en adelante hace en Francia el Consejo Constitucional para que el legislador adopte "disposiciones suficientemente precisas y fórmulas inequívocas con el fin de proteger a los sujetos de derecho de interpretaciones contrarias a la Constitución o del riesgo de arbitrariedad, sin trasladar a las autoridades administrativas o jurisdiccionales la tarea de fijar reglas cuya determinación fue confiada por la Constitución solo a la ley" (decisión 2005-514 DC, de 28 de abril de 2005). Ahora bien, en otras decisiones el

3 N. del trad.: la teoría del acto claro (*l'acte clair*) proviene del derecho comunitario europeo y le permite al juez nacional decidir la remisión al juez comunitario de cierta disposición para efectos de su interpretación prejudicial, siempre y cuando dicha disposición sea oscura y suponga un serio problema de interpretación. En Francia, el Consejo de Estado aplica la teoría del acto claro, haciéndola extensiva al derecho internacional, pues cuando se encuentre ante una norma oscura que genera un grave problema de interpretación de una norma internacional, será necesario remitir la pregunta interpretativa a la Corte de Justicia. En otras palabras: si la norma (el acto) es clara, no se requiere acudir a la interpretación prejudicial.

Consejo Constitucional ha admitido que "sin embargo, esas autoridades conservan el poder de apreciación y, cuando lo necesiten, de interpretación inherente a la aplicación de una regla de alcance general a las situaciones particulares" (decisión 2004-509 DC, de 13 de enero de 2005) o de guardar silencio (decisión 2005-512 DC, de 21 de abril de 2005).

Por su parte, la metodología jurídica se interesa en los medios de resolución de los problemas prácticos encontrados por los juristas. La dogmática provee, por su lado, los métodos de justificación o de argumentación (la interpretación en su quinta acepción). Lo que esta llama "métodos de interpretación" (recurrir a los argumentos de analogía, *a fortiori, a contrario,* etc.) no permite determinar el sentido del texto. Sorprende comprobar que esos métodos son concurrentes y llevan a resultados disímiles. De ahí preguntas como: ¿cuál método elegir si son alternativos? ¿Con qué criterio jerarquizarlos, si no lo están? Del mismo modo es sorprendente ver que esos métodos existen con miras a que se apliquen solo en caso de dificultad de interpretación. Pero ¿cómo reconocer una dificultad de interpretación? ¿Cómo conocer el sentido, aun si es claro, si no se interpreta? Y, si se interpreta, ¿cuál es el método de interpretación de los actos "claros"?

Una teoría de la interpretación-conocimiento debe apoyarse en métodos científicos que sean constantes para permitir, ante toda hipótesis, la determinación del sentido de los enunciados normativos, aunque estos se supongan o no sean claros. Esos métodos ya se expusieron: son los preconizados por la teoría general del derecho cuando se trata de conocer el significado de un texto (*cfr. supra,* título I, cap. II). Sin embargo, según una teoría de la interpretación-conocimiento, toda la ciencia del derecho reposa sobre esos métodos: el conocimiento de lo que debe ser (el *Sollen* descriptivo según Kelsen) depende solo de la determinación del sentido de los enunciados normativos.

Una consecuencia importante de esta teoría es entonces la de mostrar que los significados del texto no varían con el tiempo: el texto está dotado desde el inicio, y hasta su modificación (lo que claramente incluye su derogación), de las mismas significaciones. Y si se toma en cuenta el tiempo, será al nivel de una *decisión* cuando se adoptará uno u otro significado normativo. De la misma manera, si el conocimiento del derecho es el conocimiento de los significados de un enunciado normativo, la voluntad del autor o los trabajos preparatorios no deben tenerse en cuenta. Poco importa saber lo que se quiso *subjetivamente,* pues solo importa lo se produjo de forma objetiva. Por supuesto que sería posible que una norma exigiera referirse a la voluntad de las partes para su concretización jurídica. Mas es imposible que la voluntad del autor cambie en algo los significados de su enunciado, única cosa que busca establecer la interpretación-conocimiento.

Está claro sobre todo que dicha teoría no defiende la posibilidad de un silogismo jurídico como modalidad de determinación de la decisión jurídica correcta. El silogismo pretende, a partir de una premisa mayor que constituye la norma aplicable y de una premisa menor dada por los hechos del caso concreto, permitir que se determine lógicamente la solución correcta. Por ejemplo: siendo premisa mayor "todos los ladrones deben ser castigados" y premisa menor "X es un ladrón", el razonamiento correcto es "X debe ser castigado". La teoría de la interpretación-conocimiento muestra que la premisa mayor no es única y que el resultado dependerá, sin duda, de la decisión de considerar un y solo un significado como válido (como norma).

Para estos fines, admitir que hay varios significados del enunciado tiene el mismo efecto práctico que decir que el enunciado no tiene significado alguno. La idea del silogismo jurídico es extraña a toda teoría positivista del derecho. Se podría además añadir que, incluso si se aceptara la posibilidad de un silogismo, sería imposible vincular una proposición descriptiva de hecho (premisa menor) a una proposición prescriptiva (la norma como premisa mayor). Como mucho, podría inferirse, por vía de tautología (a condición de aceptar la hipótesis de una lógica deóntica), de la premisa mayor "todos los ladrones deben ser castigados" que "X, si es un ladrón, debe ser castigado". Ahora bien, el hecho de que X sea un ladrón, esto es, la premisa menor, la cuestión fáctica no es tampoco algo tan evidente, pues esto dependerá de una calificación jurídica de los hechos (después de una decisión como es la interpretación en su segunda acepción). La proposición de la premisa menor no es descriptiva sino performativa; no relata hechos, sino que los califica. Todas estas son cosas que escapan al acto de conocimiento.

III. Alcance de la interpretación científica

Una teoría de la interpretación-conocimiento plantea varias preguntas para la teoría general del derecho. El conocimiento del objeto que prescribe la teoría normativista a partir de una concepción de la interpretación-conocimiento entraña diversas precisiones que no deben dejarse de lado.

En primer lugar, la teoría de la interpretación-conocimiento no pretende tener un alcance práctico inmediato: no guía la decisión jurídica. Al determinar el marco de significados posibles de todo enunciado, en función de reglas sintácticas y gramaticales, semánticas y lógico-sistémicas, esta teoría hace aparecer la necesidad de efectuar escogencias, es decir, que las decisiones son necesarias cuando se trata de concretizar el derecho. Así como la teoría de la interpretación-conocimiento rehúsa considerar que esas opciones son su objeto de estudio (se trata de simples hechos), esta rehúsa apreciar y orientar las opciones que pone en evidencia.

La teoría de la interpretación-conocimiento debe entonces necesariamente articularse dentro de una teoría general del derecho con una segunda teoría de la interpretación, más precisamente con una teoría de la interpretación auténtica. Según esta segunda teoría, las escogencias decisorias de la concretización del derecho (incluso la interpretación en todas las acepciones distintas de la primera que se expuso) son decisiones que solo tienen alcance jurídico cuando son efectuadas por las autoridades designadas por las normas del sistema (validez procedimental). Para ser coherente, la teoría de la interpretación-conocimiento es forzada a reconocer que es del todo posible que las autoridades auténticas tomen decisiones que no respeten la interpretación científica de los enunciados que pretenden aplicar: se salen del marco de los significados científicamente válidos. Es entonces una labor de creación del derecho que escapa a la ciencia.

Sería dudoso reprocharle al normativismo ese afán de coherencia: al no pretender describir los hechos, le es suficiente con disponer de una teoría que explique las razones por las cuales las decisiones de atribución de un significado auténtico, en efecto, pueden "contradecir" las interpretaciones científicas. Por el contrario, es posible observar que esta coherencia no resuelve todas las dificultades. En particular, puede indagarse sobre la articulación de la teoría normativista de interpretación con la teoría normativista de la validez, en los siguientes términos: ¿La autoridad auténtica que adopta una interpretación, por fuera del marco de significados, crea derecho? ¿Es su decisión válida? ¿Cuál es la consecuencia de esta modalidad de creación de derecho para el conocimiento del derecho? Para ilustrar este problema, basta recordar el llamado al pueblo hecho por el presidente de la República francesa en 1962 para modificar la Constitución con el fin de hacer elegir al presidente de la República mediante sufragio universal directo. Según un análisis lingüístico riguroso, la presencia simultánea en la Constitución francesa de un artículo 89, que se refiere a la reforma constitucional y que prevé entre otros procedimientos el referendo, y por otro lado un artículo 11, que prevé otro referendo (con otro procedimiento y que da un contexto más favorable a la estrategia presidencial), pero que no busca por expreso la reforma de la Constitución, permite determinar que la norma según la cual se puede modificar la Constitución al recurrir al procedimiento del artículo 11 no es un significado válido de la Constitución. El presidente de la República acudió a esto último, pues es una autoridad auténtica. El pueblo adoptó esa reforma, varios presidentes fueron así elegidos y han tomado numerosas decisiones. ¿Cuál es entonces el fundamento de su validez? ¿Se debe considerar que hizo un cambio de sistema? ¿Se debe considerar que el voto popular es el fundamento de la validez del procedimiento (¿cual de ellos: el de una reforma constitucional o el de un nuevo acto constituyente?)? Son muchas las preguntas que quedan en suspenso y que tienen importancia tanto práctica como teórica.

Ahora bien, es paradójico que, aun cuando haya duda sobre el conocimiento no hay duda sobre el significado político objetivo de esta teoría. Al determinar el marco de significados posibles y aceptables de un enunciado, se determina lo que una autoridad de enunciación ha producido. También se pone en evidencia si una autoridad auténtica (y en particular una autoridad de concretización) respeta lo que produjo la autoridad de enunciación o extiende su poder hasta enunciar en lugar de esta autoridad.

Se dice con frecuencia que el Parlamento hace la ley y que el juez es la boca de la ley (¿qué debe serlo?): él aplica la ley o debe aplicarla. Esta concepción tiene como raíz política la doctrina de la separación de poderes. También se funda en una teoría de la democracia, dado que el Parlamento es elegido, mientras que el juez no lo es. En una versión clásica, se presupone que la ley tiene un sentido claro (y en una versión prescriptiva, como lo decía el Consejo Constitucional, la ley debe tener tal sentido). La interpretación-conocimiento como teoría científica reconoce que la ley es siempre susceptible de una pluralidad de significados. Al establecer el marco que comprende esos significados válidos, pretende determinar los mandatos del legislador (lo que debe ser). Aun cuando no llamemos normas a esos mandatos (sino directivas práctico-morales), es particularmente importante tenerlas en cuenta mediante una teoría de la democracia y de la separación de poderes.

Sección 2
Teoría de la interpretación-voluntad

Para una teoría general del derecho empirista, no hay un conocimiento posible de las normas a partir del conocimiento del significado de los enunciados. Estos pueden tener significados, por supuesto, y los métodos lingüísticos permiten determinar esos significados. Pero no tienen significados jurídicos: no son normas. Es la operación de interpretación (en la tercera acepción precitada: decidir un significado entre una pluralidad), o si se prefiere incluso en el sentido de interpretación auténtica de Kelsen, lo que le va a conferir al enunciado su significado jurídico. Desde el punto de vista jurídico, la interpretación no es una operación intelectual de la ciencia del derecho que permite determinar lo que debe ser; es una operación decisoria de ciertas autoridades que deciden sobre un significado. Este es el producto de un acto de voluntad del intérprete: es una prescripción (o una *performación*, según otro punto de vista). Esas decisiones de atribución de significados constituyen hechos, y a partir de estos trabaja una ciencia empírica del derecho: esta describe las normas (significados) en función de actos de atribución de significado.

La teoría de la interpretación-voluntad es común a todas las teorías empíricas del derecho (los enfoques realistas), aun cuando conoce formulaciones diferentes y grados diversos de negación de un conocimiento jurídico posible de los enunciados. Con posterioridad al realismo americano, esta ha permitido desarrollar un enfoque no formalista del derecho que se refiere al funcionamiento práctico de la maquinaria jurídica. Ello trae dos efectos diferentes. Por un lado, la afirmación del inmenso alcance del poder normativo de las autoridades auténticas (y sobre todo del juez en el análisis anglosajón) ha conducido a un deconstructivismo crítico que pone en evidencia los presupuestos políticos de esas autoridades y de sus decisiones, más allá de su afirmación de neutralidad e imparcialidad (*Critical Legal Studies*); y en la prolongación ha llevado a la formalización de estrategias jurídicas en función de un punto de vista delimitado (feminismo, comunitarismo, etc.). Por otro lado, la aceptación del paradigma realista ha suscitado un retorno a la filosofía moral (analítica: sobre la argumentación; o especulativa: sobre los valores) con el fin de encontrar la *buena* decisión (o interpretación) que supuestamente garantiza una nueva forma de neutralidad y de imparcialidad, entiéndase de universalidad.

Una de las dificultades evidentes de la teoría de la interpretación-voluntad consiste en recurrir al concepto de intérprete auténtico. Si bien una teoría de la interpretación-conocimiento puede con facilidad sostener que un intérprete auténtico puede no respetar una norma (desviarse en su decisión) porque justamente otra regla lo constituye como intérprete auténtico con este efecto posible; parece más difícil sostener al mismo tiempo, por una parte, que los enunciados normativos no son normas y, por otra, que existen autoridades auténticas que van a interpretar esos enunciados para fijar significados válidos (normas); mientras que, para ser auténticas, es necesario que sean designadas como tales por… una norma. Una nueva circularidad parece así nacer. Esta circularidad ha generado una amplia oposición a las teorías empiristas, en especial a Alf Ross, de parte de Hart y de Kelsen, o a Michel Troper con su teoría realista de la interpretación, de parte de Otto Pfersmann. Ahora bien, hay un mecanismo bastante simple que permite ver que esta circularidad es solo aparente. Esta parece implicar una diferenciación, que sería incoherente, entre reglas primarias (en el sentido de Hart) que serían creadas por los intérpretes auténticos, y reglas secundarias que preexistirían a esos intérpretes para que pudieran considerarse auténticos. En realidad, todas las normas se producen por el intérprete, incluidas las normas sobre la competencia de este. Sea que los enunciados se refieran a conductas, sea que se refieran a la designación de autoridades auténticas, esos enunciados no tienen significado jurídico antes de ser interpretados. Esos enunciados podrán no obstante tener otros significados, sobre todo en razón de su función de directivas práctico-morales. Esos enunciados, cuando designan autoridades, alimentan la ideología normativa, con mayor razón cuando se hacen públicos y se interpretan según métodos no científicos (por la prensa, en el debate político, etc.). Las autoridades adquieren una forma de legitimidad (aquí entendida solo como el hecho de parecer auténticas, de parecer como instituidas por el derecho con ciertas prerrogativas decisionales, pero también con ciertas funciones). Son intérpretes auténticos primero por efecto de la ideología, antes de serlo por efecto de la norma, es decir, por la interpretación de los enunciados que contienen sus propias competencias. Y este efecto les permite dominar mucho mejor sus propias competencias. Esto es verdad para todas las autoridades auténticas, en lo que concierne a jurisdicciones, administraciones, poderes constitucionales, etc.

Resta señalar que esas autoridades auténticas no son las únicas con vocación de autoridad, que ellas no dominan por completo el derecho, que no lo crean libremente. Sería una visión caricaturesca (a menudo opuesta a las teorías empiristas) pretenderlo. Si bien las autoridades auténticas les dan significado a los enunciados jurídicos, y por ello tienen el poder de crear la norma, ese poder está condicionado por el enunciado que pretenden interpretar. No hay duda de que hay normas que se crean sin enunciado jurídico expedido de manera previa por otra autoridad (por ejemplo, un principio no escrito planteado por un juez). Sin embargo, en la mayoría de los casos la norma es la interpretación de un enunciado determinado: depende al menos en parte de lo que sea ese enunciado. En particular, una modificación del enunciado causará, o bien una posible modificación del significado (es la cuestión del derecho y de sus fuentes: *cfr.* cap. III), o bien una restricción o condicionamiento a una nueva justificación para el intérprete. Una teoría empirista insiste en este punto, según el cual los actos de atribución de significados, en cuanto hechos, están condicionados por los hechos inherentes al sistema jurídico mismo (o externos a ese sistema, pero que entonces escapan a la ciencia del derecho): tienen causas, de las cuales se sirve la ciencia del derecho para poder explicarlos (*cfr.* cap. IV).

Léase también:

"La théorie de l'interprétation", en *Revue française de droit constitutionnel*, n.° 50, 2002.

BRUNET, P., "Irrationalisme et anti-formalisme. Sur quelques critiques du syilogisme normatif ", en *Droits*, n.° 39, 2004.

GUASTINI, R., *L'interpretazione dei documenti normativi*, Milán, Giufré, 2004.

PFERSMANN, O., "De l'impossibilité du changement de sens de la Constitution", en *L'esprit des intitutions, l'équilibre des pouvoirs, Mélanges Pactet*, Paris, Dalloz, 2003.

TROPER, M., *La théorie du droit, le droit, l'État*, Paris, PUF, 2001.

CAPÍTULO III

UNA TEORÍA DE LAS FUENTES DEL DERECHO

La ciencia del derecho describe el derecho vigente, el cual es un conjunto organizado de normas. La norma es un significado prescriptivo. La interpretación jurídica es un acto de voluntad que consiste en atribuir un significado. Esas cuatro proposiciones recapitulan las pretensiones de una teoría empirista del derecho, tal como lo hemos visto hasta ahora.

Toda teoría general del derecho debe formular una teoría general de las fuentes del derecho. Para una teoría general empirista, una teoría de las fuentes del derecho es una teoría descriptiva. No es una teoría normativa de las fuentes del derecho, como teoría que propone la norma constitucional al indicar, por ejemplo, las condiciones de validez de los actos del Parlamento o del gobierno (arts. 34 y 37 de la Constitución francesa actual). No es tampoco una teoría de las fuentes legítimas del derecho, tal como habíamos visto que podría interpretarse la jerarquía de las normas según su concepción normativista.

Una teoría descriptiva de las fuentes del derecho debe poder concebir los elementos que son causa de un acto de atribución de significado o de un juicio de validez. Debe poder formalizar los elementos pertinentes (sección 1), incluso si no logra asignar a la ciencia del derecho el conocimiento de todos esos elementos. En efecto, algunos son sin duda conocibles; otros elementos corresponden a otros saberes, y al respecto es suficiente con reservar el papel que tienen en tanto fuentes del derecho. Esta teoría puede además proponer una tipología de esas fuentes del derecho (sección 2).

Sección 1
Formalización

La formalización es una tarea de reconstrucción.

I. Punto de partida

Como primer acercamiento se encuentra una forma radical de empirismo en una muy conocida fórmula planteada por Jerome Frank: $D = P \times S$, en la que D representa la decisión (jurisdiccional en Frank), P designa la personalidad del juez (de quien toma la decisión) y S los estímulos que recibe. Así pues, la decisión del juez resulta de una reacción subjetiva a estímulos diversos (se sigue aquí el vocabulario de los realistas estadounidenses, pero se toma al juez como el ideal-tipo de las autoridades auténticas).

La ecuación de Frank parece presentar de manera demasiado simple e insuficiente los fenómenos que nos interesan; esta evacua en su totalidad la idea de norma y de validez (*cfr.* cap. I) y por consiguiente termina cayendo en una simple sociología empírica.

Ahora bien, parece bastante claro que tanto los jueces como los justiciables producen por ejemplo discursos que integran la *idea* de norma. Parece entonces necesario reintegrar y precisar ciertos puntos, a partir de los cuales puede conceptualizarse la relación entre derecho y fuentes. No creemos que se pueda, para tener en cuenta aquello, reducir con exactitud a una ecuación bajo un modelo matemático lo que está en juego. Por consiguiente, solo utilizaremos por analogía el modelo que propone Frank para indicar los puntos de su formalización que parecen no alcanzados.

II. Distinciones

A. Los actos de concretización

Llamamos *acto de concretización* (*Ac*) a una decisión (*D*) formalizada o implícita (caso en el cual esta se revela mediante una acción material) por la que de manera efectiva una autoridad (cualquiera que sea el sentido que pudiéramos darle a ese concepto) resuelve una cuestión de hecho dando razones jurídicas. Esto lo hace refiriéndose a (al menos) una *norma (N)* presentada como una norma jurídica. Todo acto de concretización parece ser de la siguiente forma: $Ac = D$ porque N.

Ello se tiene de suyo por evidente: el individuo que pretende tener un derecho, hacer respetar una obligación que considera jurídica, ejercer un poder sobre el que asegura tener derecho, da o debe poder dar razones que se consideren jurídicas para su pretensión, es decir, que se presentan en esta forma. La autoridad a la que alguien se dirige para solicitarle que dirima de manera jurídica un problema debe también poder dar razones de este orden, lo que con mucha frecuencia se hace (por ejemplo, al motivar la decisión). Si esas razones no nos parecen de este tipo, o si comprobamos que de ese análisis no es posible extraerlas, tendríamos serias dudas en cuanto al hecho de que se trate de derecho. La ideología normativa constatable en nuestras sociedades nos hace percibir (interpretar) como derecho ciertos hechos; en nuestras sociedades la mayoría de las personas sienten como socialmente "obligatorios" ciertos actos desde que aparecen, con determinadas razones percibidas ellas mismas como jurídicas. No existe ninguna razón, ni medio alguno, para no partir de esta ideología normativa con fines de un estudio empirista.

No obstante, parece imposible resolver de forma empírica algunas cuestiones ligadas al acto de concretización. Es el caso de una pregunta de este tipo: ¿son esas razones buenas, correctas, justas, etc. (relativas a la aplicación lógica de *N*)? Para que se pudiera responder a esta pregunta sería necesario disponer de un conocimiento particular de *N a priori*, del que no disponemos por el método empírico, y de un conocimiento *a priori* de los valores. Por esta misma razón, no es posible decidir aquí si la autoridad estaba obligada a decidir así o le estaban permitidas otras posibilidades (cuando no están prohibidas o no son posibles). En últimas, creemos que tampoco es posible (ni siquiera útil para la ciencia del derecho) buscar saber si la autoridad creía en realidad que debía decidir así (si de forma empírica percibía una obligación). Es simplemente necesario en una teoría empirista del derecho comprender que esas cuestiones son verdaderos interrogantes, pero que no pueden resolverse.

En el acto de concretización, lo que interesa a la ciencia del derecho es entonces la existencia de un discurso (y más adelante de un conjunto de discursos), formalizado (motivación) o implícito (pero *formalizable*) que proporcione una razón que justifique la decisión, cualesquiera que sean las razones y la decisión.

Es entonces el segmento "*D* porque *N*" (o con más exactitud *Ac*) el que no puede distinguirse a partir tres elementos separables: la decisión, la norma y el vínculo entre ellas. El "porqué" aquí no puede claramente reenviar a una deducción lógica, aun si lo pretende (en cuanto al silogismo, *cfr.* capítulo precedente). *D* es un hecho práctico conocible, como cuando digo "yo hago esto". *N* es un modelo de referencia: como cuando afirmo tener el derecho (o la obligación) de hacerlo. El segmento así identificado no se traduce en una justificación de la lógica deóntica, sino que es perfectamente *performativo* (por la decisión, la norma es *performada*).

Lo importante, como se ha dicho, es que para parecer jurídica, la autoridad debe dar una decisión que parezca ella misma jurídica; es decir, dar razones que parezcan ellas mismas jurídicas. Si no se dan razones de ese tipo, no puede percibirse que la autoridad haya tomado una decisión jurídica (en tanto que autoridad jurídica). Hay aquí una fuerte limitación que puede ser aprehendida en una teoría causal de la regularidad (*cfr.* capítulo siguiente). Además, desde el punto de vista de una teoría de la ciencia del derecho, si la autoridad no da o no puede dar razones jurídicas, el conocimiento empírico no es posible (haría falta el objeto de dicha ciencia: podríamos describir los comportamientos y no las normas que se presentan como fundamento de esos comportamientos).

Sin embargo, para la ciencia del derecho, no todos los actos de concretización revisten la misma capacidad cognitiva ni tampoco la misma utilidad. Así, se entiende bien que si se acepta el punto de vista que se ha expuesto, la orden jurídica sería potencialmente inmensa y sin duda no susceptible de conocimiento: comprendería todas las normas referidas con ocasión de todas las acciones que de una manera u otra serían realizadas por todo individuo dando toda razón presentada o presentable como derecho. Ni el método para este conocimiento, ni la teorización de las regularidades se considerarían de manera seria. La idea misma de que existe un orden jurídico sería discutible. Por otra parte, tal conjunto dejaría de lado una distinción esencial: esos actos no son equivalentes, en la medida en que aunque algunos se pueden poner en duda desde el punto de vista fáctico (su existencia y efectos son susceptibles de diferirse), otros no. Lo que importa a la ciencia del derecho es caracterizar entre esta multitud ciertos actos de concretización que permiten, por reconstrucción, un tratamiento cognitivo del sistema jurídico (lo que a la vez supone la duración y una teoría de la duración, respecto de la cual Kelsen da un ejemplo en lo que concierne a la construcción de una teoría según su concepción dinámica de la jerarquía de normas) y la posibilidad de la formulación de una regularidad causal cuando menos probabilista.

Podría considerarse adoptar, entonces, para identificar el objeto de la ciencia del derecho, el conjunto de actos por los cuales toda autoridad (individual o colectiva, pública o privada) concretiza el derecho. Esta tiene *efectivamente el poder de escoger un sentido* y una solución, *sin que esta pueda ser discutida* (lo que no significa que no sea discutible, sea porque simplemente un recurso no resulta viable, sea porque no se ejerció en la práctica) *por otra autoridad* (o por ella misma: por ejemplo, por recurso de reposición) *que podría efectivamente hacer prevalecer otro sentido en la solución del mismo caso*. Se tratará por lo general de autoridades públicas (administrativas o judiciales), pero también algunas veces de autoridades privadas, en especial si no son discutibles o discutidas. Se comprueba con esta definición un hecho de poder ligado a un hecho de argumentación (las razones jurídicas).

Se mantiene que este objeto, aun limitado de esa forma, sigue siendo inmensamente amplio y que las razones prácticas conducirán sin duda a concentrarse solo en los actos de las autoridades públicas, y entre estas en aquellas a las que nos dirigimos para dirimir litigios (los jueces, a veces las autoridades administrativas o cualquier gobernante), en razón de la publicidad y de su lugar en la constitución de la ideología normativa. De ahí que, en última instancia, la enunciación de la norma en el acto de concretización no sea solo *performativa,* sino que tome a su vez la forma de una directiva práctico-moral (lo que la dogmática llama "jurisprudencia" corresponde a ese hecho: la autoridad de una decisión de la Corte de Casación francesa, por ejemplo). Por eso, a propósito de aquello, se habla de interpretación auténtica o de autoridades auténticas. Sin embargo, es importante no perder de vista que esta restricción práctica convencional no tiene más fundamento teórico que el aquí enunciado.

B. Las normas

Una norma es el *significado* de un enunciado prescriptivo. Pero no todas las normas son el significado de las mismas categorías de enunciados.

Una norma jurídica es explícita cuando constituye la escogencia de una interpretación de un *enunciado* dado como jurídica (Constitución, ley, contrato, etc.), en un marco de interpretación aceptable desde un punto de vista estrictamente lingüístico, fuera de toda consideración axiológica (aquí el poder de creación de la norma se comparte o se condiciona con otra autoridad distinta de la de concretización, esto es, la que enuncia). El acto de concretización (*D* porque *N*) es en ese caso distinto del enunciado cuyo significado es *N*.

Una norma es implícita cuando no constituye la escogencia de una interpretación de un enunciado (creación monopolizada), ya sea porque se sale del marco de interpretación aceptable o porque se sustenta en otra cosa (los principios no escritos, por ejemplo), aun cuando el acto de concretización se tenga como jurídico. *N* en ese caso no es el significado de ningún otro enunciado distinto del acto de concretización (*D* porque *N*).

C. La ciencia del derecho

El derecho es un conjunto de normas *N*.

La función de la ciencia del derecho (concebida como un análisis crítico del lenguaje) sería idealmente la de dilucidar y formalizar las normas *N* al responder sobre todo, a partir del discurso (*performativo* y no descriptivo) "*D* porque *N*", a preguntas como las que siguen.

En la hipótesis de un acto de concretización implícito (por ejemplo, cuando mi vecino entra en mi casa, en mi ausencia, sin mi autorización, y apaga el fuego que se estaba propagando), podrá eventualmente preguntarse (si es útil y posible): ¿cuál es la norma efectivamente utilizada en el discurso posible (si a mi regreso me quejo por la violación de propiedad, mi vecino podría responder: "Tengo el derecho o la obligación de penetrar en el domicilio de otro, siempre que sea necesario, para la salvaguarda de sus bienes, o de los míos, o de la seguridad colectiva")?

En la hipótesis de un acto de concretización formalizado, podrá eventualmente preguntarse (si es útil y posible): ¿corresponde en efecto la norma invocada a la norma utilizada? Si ello es necesario, útil o posible, se deberá reformular *N*. Esto requiere algunas precisiones. Ya se dijo que, en la expresión "*D* porque *N*", el "porque" no era para nada el fruto de una operación lógica. Se mantiene que, desde el punto de vista de un análisis crítico del lenguaje (la ciencia del derecho en el sentido empírico), esta expresión se pretende de manera general y debe tenerse *como* lógica. Un análisis crítico del lenguaje debe mostrar en qué condiciones la operación pretendida podría tenerse *como* lógica, lo que supone, siendo el acto de concretización el único hecho empírico, una reconstrucción hasta la premisa mayor pretendida (desde el punto de vista empirista, la ausencia de presuposición de la norma hace imposible el acto de deducción). Un caso patológico que llama a tal reformulación puede encontrarse cuando damos cuenta de los actos de concretización en los cuales parece revelarse una contradicción. Por ejemplo, cuando una autoridad expresa que mantiene a determinado individuo en prisión porque la ley la obliga a liberar a todos los individuos. Pero con mucha más frecuencia se necesita la reformulación porque la norma planteada es la simple reproducción del enunciado que la autoridad pretende aplicar (lo que refleja por completo la cuestión del *significado* del enunciado, es decir, de la norma). Por ejemplo, cuando una autoridad decide que una reconducción a la frontera es legal porque no constituye, según las exigencias de protección del orden público, una injerencia desproporcionada en la vida familiar de la persona extranjera afectada por el acto (casi siempre, la motivación expresará que el acto no atenta contra el artículo 8.° de la Convención Europea para la Salvaguarda de los Derechos del Hombre y de las Libertades Fundamentales). Resulta entonces importante comprender y establecer lo que es la norma, es decir, lo que resulta, a partir de la solución concreta, como el significado del artículo 8.°; por consiguiente, formular de la manera más exacta posible este acto de concretización bajo una forma normativa (verificable en otros actos de concretización), cuáles son las injerencias, cuáles son las exigencias de orden público, qué es la vida familiar, etc., que permiten o impiden una reconducción a la frontera.

En todas las hipótesis cabe preguntar: ¿es la norma *N* formalizable (en función de los casos concretos estudiados y sin comportar ningún elemento de evaluación distinto del estructural)? Sin posibilidad de formalizar de este modo, sería en efecto imposible afirmar la aceptación de esta norma y decir, entonces, que ella existe, que está vigente, o decir que esta norma será reutilizada (reproducible) o verificar la afirmación de su existencia.

Y en todas las hipótesis cabe preguntar: ¿cuáles son las razones de causalidad que pesan sobre la determinación de la norma de parte de la autoridad en el marco de un acto de concretización (el estudio de la justificación que contribuye al esclarecimiento del carácter reproducible) y en particular cuáles son los elementos de los condicionamientos fácticos, sobre todo las limitaciones jurídicas ligadas a la configuración del sistema jurídico-político (*cfr.* capítulo siguiente)? Esto cobra más importancia a medida que a la ciencia del derecho se le requiere cada vez más de manera prospectiva, a partir de enunciados aun no concretizados, para determinar su contenido normativo (según los métodos clásicos de la lingüística aplicada: significados sintáctico, semántico, sistémico y eventualmente la determinación axiológica).

D. El derecho

El derecho (entendido con esta perspectiva como el objeto de la ciencia del derecho) puede concebirse como el conjunto de normas (efectivamente utilizadas o vigentes) así identificadas. Al respecto, es importante señalar que el derecho no puede comprender los actos de concreción o las fuentes del derecho. Un enfoque empírico considera con más precisión cuatro puntos.

El primero es que el derecho es un conjunto de normas generales e individuales apoyadas por dos cosas. En primer lugar, la existencia de un conjunto de autoridades que disponen del poder de imponer una presión social y física (lo que distingue al derecho de otros sistemas normativos). Ese poder se traduce en la posibilidad de fijar normas, de hacerlas evolucionar y de obtener su aplicación en concreto. En segundo lugar, la pseudorracionalización de parte de los individuos (esas autoridades o los miembros del cuerpo social, o ambos) de esas normas bajo la forma de la validez, pues esas normas se consideran obligatorias. Esto debe diferenciarse, a su vez, de la idea de que esas normas son imperativas –que una norma permisiva se perciba como obligatoria– y de la idea de que las obligaciones existen de forma aislada de esta incorporación. Esto es lo que aquí denominamos ideología normativa.

En seguida debe señalarse que un enfoque empírico considera que una norma explícita es el significado de un acto de voluntad: un acto de poder que propone, mediante una enunciación lingüística, un modelo de lo que debe ser (la ley, por ejemplo, tal como la enuncia el órgano legislativo una vez concluido el procedimiento legislativo). El enunciado cuyo significado se pretende que sea la norma es por lo general una directiva, es decir, una prescripción práctico-moral destinada a hacer surgir acciones reales por individuos reales (adoptar conductas, incluso conductas para los órganos de concretización) y a hacer surgir también en esos individuos reales una representación de esas conductas (la creencia de que esas conductas son obligatorias).

Ni el significado de esta enunciación (norma explícita) ni la determinación fuera del marco de la enunciación (norma implícita) están dados. Ella misma resulta de un segundo acto de voluntad: la interpretación por una autoridad de concretización o la determinación a partir de fuentes no formalizadas.

El conocimiento de la norma existente (norma efectivamente utilizada, norma vigente) no puede hacerse sino con la mediación del conocimiento crítico de los actos de concretización.

Parece claro que con esta perspectiva las normas constituyen el objeto de una ciencia empírica que no presupone su existencia como un hecho. El hecho reposa en una ideología normativa que se conoce por medio de actos empíricos, como los actos de concretización. La verificación de toda proposición que describa las normas se funda entonces en la verificación de un pronóstico: aquel según el cual en los actos de concretización futuros la norma que se pretende existente se presentará como fundamento (enunciada o enunciable).

A esta altura, sin duda es necesario definir los procesos de verificación aceptables, sobre todo en cuanto a los paneles de actos que se considerarían y en cuanto al margen de error tolerable para poder definir un conocimiento. En tanto que metalenguaje, la ciencia del derecho habla de normas y produce proposiciones a propósito de ellas, que no se pueden verificar (de manera empírica). Ahora bien, lo que no puede verificarse de manera empírica es la norma objetiva, existente, como si estuviera separada del discurso. Esta norma solo es indirectamente y por facilidad el objeto de la ciencia jurídica. El verdadero objeto de la ciencia así concebida es en realidad el discurso, siendo este un hecho empírico que puede verificarse (tanto más útil cuando se afirma que la norma es un significado que resulta de un acto de voluntad). Cuando una proposición de (la ciencia del) derecho enuncia: "es obligatorio que *p*" (por ejemplo), no dice que es obligatorio que *p*, sino solo que, en los términos de cierto discurso pertinente (auténtico), *p* es obligatorio. La verificación, como la afirmación, no se refiere al carácter obligatorio de *p* sin mayor precisión, sino sobre un hecho: el discurso. Sin duda, la ciencia del derecho es algo más que una paráfrasis (a lo cual no puede resumirse la lingüística aplicada, como se dijo) y es un poco distinta de la sociología (donde no podría disolverse una teoría general del derecho como hecho). En efecto, no es la presencia de un enunciado lo que le interesa, sino las proposiciones de interpretación de actos de concretización y de enunciados conjugados para que se interpreten *como* normas (cualquier cosa que tenga que ver con un sistema jurídico o una jerarquía de normas); y para este objeto se necesita (y se puede) concebir un proceso de verificación.

III. Reformulación

La norma *N*, tal como aparece en "*D* porque *N*", resulta en efecto de la percepción de cierto número de estímulos de parte de la autoridad de concretización.

La ecuación de Frank no parece entonces referirse al acto de concretización, sino a la norma; y se debe concebir no como una identidad, sino como un resultado. Puede entonces reformularse así: $P \times S \rightarrow N$, donde *P* designa siempre la personalidad (subjetividad) del juez (u otra autoridad auténtica) y *S* los estímulos que esta recibe. En ese sentido, *P* y *S* son hechos y son la causa de la afirmación de que *N* sea la norma.

Como hemos visto, la cuestión empírica de *P* escapa sin duda a la ciencia del derecho y corresponde (aunque pueda ser el objeto de un conocimiento empírico) a un saber psicológico. La ciencia del derecho solo puede comprobar la existencia dentro de un discurso fáctico de la norma *N* como razón dada y, eventualmente, (re)formular *N*. No puede en ningún caso determinar cuáles son los estímulos efectivamente recibidos (ni siquiera percibidos, que no es lo mismo, ya que los estímulos pueden ser inconscientes), ni cómo la autoridad ha reaccionado de manera efectiva a los estímulos para llegar a la norma *N*.

La cuestión de los estímulos *S* abarca el problema de las fuentes del derecho, en una teoría empirista de estas: ¿a partir de qué (las fuentes) la autoridad de concretización da el significado prescriptivo *N* (derecho) en el acto de concretización?

Esta pregunta es importante desde el punto de vista teórico. Es esencial para una reflexión sobre la práctica del derecho. Si se supone que las profesiones jurídicas que no constituyen autoridades auténticas buscan, sea aconsejar el comportamiento que se ha de adoptar para obtener un efecto jurídico determinado, sea indagar ante una autoridad auténtica cuál es ese efecto jurídico, la consideración de esos estímulos va a ser permanente. Si en determinado sistema la corrupción de las autoridades auténticas alcanza un grado tal que este elemento se convierte en la causa de algunas decisiones de justicia, la descripción de las fuentes del derecho deberá tener en cuenta el hecho de encontrar la solución en cosas más triviales que las compilaciones de leyes. Puede además pretenderse que, el no describir lo que son real y exactamente las fuentes del derecho, sea un buen medio para hacer perdurar la situación (de corrupción, por ejemplo), con el resultado de formar muy mal a los juristas, que estarán desarmados ante las realidades que habrán de encontrar (darán malos consejos o no obtendrán el efecto jurídico buscado), sin mencionar aquí lo que les sucedería a los ciudadanos. Nada justifica entonces que esos estímulos, esas fuentes reales, no se tengan en cuenta. Ahora bien, esos estímulos son variables y no se confunden necesariamente con elementos moralmente problemáticos.

Sección 2
Tipología

Una teoría formalista de las fuentes del derecho afirma que algunas fuentes, y solo algunas, deben ser fuentes del derecho. La dogmática clásica que toma prestado a veces ese formalismo tiene además algunos problemas de distinción, puesto que puede afirmar al mismo tiempo que la ley es derecho (en una teoría de la jerarquía de normas estática o de los actos jurídicos) y que es una fuente formal del derecho: demostración de que en realidad esta dogmática no distingue entre el derecho y las fuentes del derecho, que no tiene conceptos para esos términos de los cuales se sirve sin rigor. Cuando admite fuentes no formalizadas (materiales), es a menudo a título complementario y subalterno: para completar o esclarecer las fuentes formales. El normativismo describe con precisión el significado de los enunciados que constituyen las fuentes formales; la teoría de la jerarquía de normas parece también ser una teoría prescriptiva de las fuentes del derecho.

Por el contrario, una parte del empirismo radical solo tiene en cuenta ciertos estímulos: minimiza la función de las normas y de las fuentes formales, para aceptar como fuentes solo los elementos en una causalidad psicológica o biográfica (la teoría del desayuno es un ejemplo de esto).

Se puede utilizar para una teoría empirista más completa una tipología simple, que clasifica las fuentes del derecho en tres categorías (I), en función de su fundamento de validez (II).

I. Presentación

A. Las fuentes formalizadas

Esta primera categoría de fuentes se compone de enunciaciones. Esas fuentes se entienden válidas en razón del *procedimiento* de su enunciación (que también se entiende como válido). Son actos que tienen la *forma* jurídica (Constitución, leyes, decretos, contratos, tratados, etc.).

Se encuentra aquí lo que la dogmática tradicional llama fuentes formales y que reconoce como fuentes legítimas que se imponen sobre otras eventuales fuentes. Esas enunciaciones son directivas que se dirigen a las autoridades de concretización, pues están destinadas a hacerlas que hagan cualquier cosa, hacerlas concretizar en cierto sentido. Por otra parte, son directivas práctico-morales, en razón de su contenido prescriptivo.

Puede que los enunciados cumplan otras funciones, sobre todo *performativas*. Sería el caso de un enunciado constitucional que indica que Francia es una república laica. Con esto se quiere decir que el enunciado no tiene necesidad de ser concretizado (Francia es tal por la simple afirmación del enunciado). Por otro lado, en un eventual acto de concretización el enunciado se puede tomar en cuenta también como directiva práctico-moral (por ejemplo, cuando un ministro de esta república decretara duelo nacional en honor a una autoridad religiosa o en caso de ser competente cuando un juez decidiera sobre la validez de esa decisión).

B. Las fuentes "conformalizadas"

Usaremos este neologismo para referirnos a aquellas fuentes como la costumbre, los precedentes de concretización (la jurisprudencia en el sentido francés, la doctrina administrativa, la ética o la deontología profesional o de la empresa, etc.). Las razones por las cuales estas se dan por válidas pueden ser variables (eficacia, conformismo, etc.).

La jerarquía de las autoridades judiciales (o administrativas), que significa también la posibilidad de cuestionar el acto de concretización por una autoridad superior, desempeña sin duda un papel importante como condicionamiento causal del conformismo: se entiende como norma, por miedo al cuestionamiento, la que ha sido decidida anterior y superiormente. No es menos cierto que la verdadera pregunta está ligada al hecho de que la autoridad última –contra la que no es posible recurso alguno– no tiene esta limitante. Así mismo, la limitante de un dominio del flujo contencioso no podría dejarse de lado alrededor de la idea de eficacia que puede dirigir al conformismo.

C. Las fuentes "informalizadas"

Estas se tienen por válidas por otras razones, esto es, por cualquier otra razón. Se trata, por ejemplo, de fuentes ideológicas, sociales, etc. Toda una serie de ideas constitutivas de la ideología profesional (y judicial en primer lugar) se consideran principalmente: las ideas de seguridad jurídica, de no contradicción o de coherencia, por ejemplo. La representación de la justicia que tienen los magistrados, como profesión y como institución, o la representación de una deontología del interés general y del servicio público en los funcionarios, tienen también una función importante. En tratándose de fuentes informales, es evidente que podrán encontrarse otras ilustraciones distintas de las que encuentra un estudio empírico.

II. Criterio y alcance

La operación de interpretación del enunciado (acto de voluntad) en el acto de concretización parece ser la demostración más simple de la imposibilidad de considerar que las fuentes se limitan a elementos formales.

La expresión "entendidas como válidas" se emplea en el mismo sentido en las siguientes tres definiciones: esas fuentes son percibidas (por *P*) como socialmente obligatorias (para las fuentes informalizadas, es el sentimiento de justicia sobre todo el que las racionaliza como sentimiento de obligatoriedad). Es entonces un criterio rossiano de la validez.

Pero sin duda, según el caso, el papel respectivo y efectivo de esas fuentes es muy variable y no se puede determinar de manera empírica. Es claro que una teoría descriptiva de esas fuentes no puede ni comprobar una jerarquización característica de la idea de fuentes (antinómica con la idea de reacción subjetiva a los estímulos), ni evidentemente prescribirla.

Pero el papel respectivo y efectivo de cada una de esas categorías de fuentes solo interesa a la ciencia del derecho para designar los elementos de causalidad de la norma *N* y dar cuenta de la distancia entre el llamado enunciado claro de una fuente formalizada y el significado que en efecto constituye a la norma *N* en el acto de concretización.

Eventualmente permite calificar la función de la subjetividad de *P* en la formulación de la norma *N:* ¿la conjunción de fuentes conformalizadas e informalizadas hace o no salir a la norma *N* del marco lingüístico de interpretación de la fuente formalizada a partir de bases semánticas, sintácticas y lógico-sistémicas? ¿Cuál marco axiológico-analítico resulta de esto?

Léase también:

GÉNY, F., *Méthodes d'interprétation et sources en droit privé positif: essai critique*, Paris, 1899 (2C éd., 1932, retirage LGDJ).

GRAY, J.-C., *The Nature and Sources of the Law*, 2.ª ed., Nueva York, The MacMillan Co, 1927.

GUASTINI, R., *Dalle fonti alle norme*, 2.ª ed., Turín, Giappichelli, 1992.

JESTAZ, P., *Les sources du droit*, Paris, Dalloz, coll. Connaissance du Droit, 2005.

ROSS, A., "Le problème des sources du droit á la lumière d'une théorie réaliste du droit", en *Introduction á l'empirisme juridique*, Paris, LGDJ, 2004.

CAPÍTULO IV
UNA TEORÍA DE LA IMPUTACIÓN Y UNA TEORÍA DE LA CAUSALIDAD

En definitiva, como se vio, es la concepción misma de la ciencia del derecho prescrita por la teoría general del derecho elaborada la que condiciona las posturas teóricas sobre las grandes cuestiones. Al respecto, la determinación del principio que permite relacionar dos proposiciones de la ciencia del derecho, o dos objetos del derecho, va evidentemente a constituir el último punto de caracterización de una teoría empirista.

La teoría normativista a todas luces se ha apoyado en la imposibilidad para la ciencia del derecho de establecer relaciones causales. Esta elaboró una teoría de la imputación (sección 1) que resulta adaptada a su proyecto científico de descripción del *Sollen*. Una teoría empirista no tiene necesidad de separarse del principio de causalidad de las ciencias empíricas: esta solo pretende abordar los hechos y puede en consecuencia buscar sus causas (sección 2). Esta consideración de la causalidad permite identificar limitantes que expliquen en particular por qué determinado juicio de validez o determinada interpretación se han adoptado (sección 3). Debe también permitir elaborar una teoría de la regularidad, dando cuenta de la repetición de las decisiones normativas en los actos de concretización (sección 4).

Sección 1
La concepción normativista de la imputación

La ciencia normativista del derecho describe normas, esto es, al *Sollen*. Una norma establece lo que debe ser cuando algo ocurra: por ejemplo, si un niño nace, lo que *debe* ser la conducta de sus padres hacia él (dicho de otra forma: lo que constituye su obligación hacia él). ¿Puede decirse que cuando el nacimiento de un niño sucede se trata entonces de un hecho, y que este es la causa de la obligación que tienen sus padres? No lo es, según la concepción de una ciencia normativista.

En efecto, la formalización normativista impide relacionar (ley de Hume) dos proposiciones en las que una es una proposición empírica (X ha nacido) y la otra una proposición normativa ("Los padres de X deben ocuparse en él", por ejemplo). Las obligaciones de los padres de X con respecto a X solo existen frente a una norma determinada, es decir, el acto de voluntad. Así, si los padres de X tienen esta obligación, es porque el legislador lo ha dispuesto de ese modo. Kelsen habla del principio de imputación para referirse a la relación entre esas dos proposiciones, lo que por sí mismo no es algo original: la imputación es el hecho de decretar una consecuencia jurídica a propósito de un hecho (por ejemplo, la responsabilidad de una persona).

Las relaciones que describe la ciencia del derecho no son del tipo: "Si A se produce, entonces B se produce" (por ejemplo, si durante el partido de *rugby* lanzo un balón con la mano hacia adelante, el balón ya no estará en mi posesión), sino del tipo: "Si A se produce, entonces B se debe producir" (si durante el partido de *rugby* lanzo el balón con la mano hacia delante, entonces mi equipo debe perder la posesión de la pelota, según las reglas de la International Board, que por cierto acepto si quiero jugar al *rugby*).

En la relación causal el vínculo es natural, escapa al hombre. Incluso si por razones muy personales quiero que el balón se quede en mi posesión, lo he perdido. La relación de imputación, por el contrario, solo se produce porque el hombre así lo ha decidido o porque admite que alguien lo haya decidido por él. Desde el punto de vista moral, esta se traduce en libertad, el libre arbitrio del hombre (tampoco podemos olvidar aquí todas las formas de alienación que en la práctica son tanto sutiles como eficaces). Desde el punto de vista científico, esta nos impide ver el hecho-condición (el nacimiento del niño) como la causa de la obligación (a pesar de que el lenguaje jurídico se sirve, en otro sentido, de la noción de causa, como en los contratos). La ciencia normativista del derecho es así una ciencia social no causal.

SECCIÓN 2
LA CONCEPCIÓN EMPIRISTA DE LA CAUSALIDAD

A esto se oponen las teorías empiristas del derecho, que quieren depender de las ciencias sociales causales. No se trata de cuestionar el análisis kelseniano, pues Kelsen entendió perfectamente la relación que puede existir entre el hecho-condición y la consecuencia jurídica; él mismo tradujo también a la perfección la imputación como producto de una decisión. Pero esta decisión no es de la ciencia o del observador. Este solo da cuenta de una decisión tomada por un órgano (el legislador, por ejemplo): una decisión de imputar una consecuencia jurídica a un hecho-condición, y esta decisión es, en sí misma, un hecho.

Kelsen reconoce que la proposiciones descriptivas del deber-ser no son prescripciones, e inventa esta curiosidad lógica que es el *Sollen* descriptivo. Este autor justificó el carácter normativo-descriptivo de las proposiciones de la ciencia del derecho cuando hizo valer que decir que una norma está vigente no era establecer que una cosa es: la afirmación según la cual una norma está vigente significa que la conducta prescrita por la norma *debe* ser.

Pero las teorías empiristas no consideran jamás que la conducta prescrita por una norma deba ser. Estas consideran, como las teorías normativistas por cierto, que esta conducta solo debe ser según las autoridades que la afirman, mediante actos diversos (enunciación, concretización, etc.). Nunca sabremos directamente lo que debe ser; sabemos siempre cuáles actos pretenden lo que debe ser. Solo encontramos hechos, entre ellos los de imputación. Solo describimos hechos, entre ellos los de imputación. Jamás vinculamos una proposición de deber-ser a otra proposición de deber-ser, ni una proposición de deber-ser a una proposición empírica. Solo utilizamos proposiciones empíricas, incluso si por sintetizar y por convención decimos "es obligatorio que *p*" cuando queremos referirnos a que "tal autoridad decide, o afirma, o prescribe, etc., que es obligatorio que *p*".

Entre esos hechos puede entreverse una relación causal (pero deberá demostrarse). Por ejemplo, según la teoría del desayuno, la habría entre el jugo de toronja que causa agrieras al estómago del juez y su afirmación de que la ley en cuestión significa *S*. Más probablemente, en un sistema dominado por la corrupción, la habría entre el hecho de que una de las partes, deseosa de que el significado *S* sea aceptado para la ley con cuyo fundamento se va a decidir su caso, haya entregado una suma de dinero al juez y el hecho de que ese juez afirme que la ley en cuestión significa *S*., etc.

Notemos que esta relación causal pone en perspectiva un hecho que se da por sentado como si fuera derecho (el significado *S* de la ley) y los hechos habitualmente admitidos como externos al derecho. Esas relaciones causales se ponen desde hace mucho tiempo en evidencia de parte de las ciencias que tienen al derecho como objeto (sociología del derecho, etc.). ¿Hay un nexo de causalidad que interesa a una ciencia del derecho específica? Muy probablemente sea necesario para la teoría general del derecho buscar la explicación del derecho mediante causas inherentes a la existencia misma del sistema jurídico, sobre todo sobre su configuración.

SECCIÓN 3
LA TEORÍA DE LOS CONDICIONAMIENTOS JURÍDICOS (*CONTRAINTES JURIDIQUES*[4])

La teoría de los condicionamientos jurídicos se propone abordar desde un punto de vista empírico las causas de las decisiones normativas. Esta teoría se formalizó en el seno del Centro de Teoría y Análisis del Derecho, dirigido por Michel Troper, y da lugar desde hace algunos años tanto a debates teóricos como a estudios doctrinales conducidos a partir de su marco teórico.

La teoría de los condicionamientos parte de la idea planteada por la teoría realista de la interpretación (*cfr. supra*, cap. II): los enunciados del derecho no tie-

4 N. del trad.: en francés, *contrainte* viene del verbo *contraindre*, por lo que en español podría traducirse para el lenguaje ordinario como 'constreñimiento' o 'coacción'. Mas según el empirismo en el cual se emplea la expresión, no estamos propiamente ante una obligación normativa (como cuando en español jurídico se habla de la coacción de la norma o del constreñimiento de las obligaciones), sino ante la *contrainte* como fuerza condicionante o fuerza limitante, razón por la cual se ha optado por la expresión "condicionamientos jurídicos", los cuales recaen sobre el intérprete de las normas jurídicas y no son necesariamente insuperables.

nen ninguna significación; el significado jurídico lo dan las autoridades que los interpretan con ocasión de un acto de concretización. Según esta teoría, las autoridades deben entonces poderle dar cualquier sentido a cualquier enunciado. Ahora bien, un análisis empírico sencillo muestra que esta afirmación se contradice por el hecho de que las escogencias de atribución de significado o de decisión (o de ambos) no confirman que las autoridades de concretización decidieran cualquier cosa sin importar cómo.

La hipótesis propuesta por la teoría de los condicionamientos busca mantenerse en el marco empirista: no es posible explicar esos comportamientos por la existencia (y el respeto) de obligaciones de comportarse de cierta forma; tampoco es posible presuponer una racionalidad prescriptiva.

Dejando de lado toda explicación externalista (que existe pero que no capta la especificidad jurídica), es necesario entonces suponer que la configuración del sistema es la causa de las escogencias normativas. Existen entonces condicionamientos jurídicos. El sistema jurídico se entiende aquí como un conjunto de enunciados con función prescriptiva producidos por los actores jurídicos, siendo estos los designados como tales por los enunciados del sistema (para la solución de la circularidad aparente, véanse los dos capítulos precedentes).

Esos condicionamientos no son obligaciones sino situaciones de hecho. Pueden por otra parte superarse, y es necesario evitar toda causalidad mecánica. La concepción de la causalidad que sigue la teoría de los condicionamientos está por cierto bastante alejada de la concepción de la causalidad que prevalece en las ciencias naturales: no se trata de relaciones necesarias identificables *a priori*, sino de una causalidad que permite comprender, *a posteriori*, por qué ciertos eventos se produjeron; una causalidad cercana a la retrodicción y a la causalidad de las ciencias históricas. Supone entonces tomar en cuenta una racionalidad mínima y una comprensión mínima del sistema: buscar, suponiendo que la autoridad está dotada de esta racionalidad y de esta comprensión, los elementos de hecho ligados al sistema jurídico que pueden haber causado la decisión o la atribución de significados.

Los condicionamientos pueden dar lugar a varias tipologías. Algunos son sobrellevados, otros son producidos. Los condicionamientos sobrellevados o soportados pueden provenir de una norma (que fuerza a producir una nueva interpretación), de una metanorma (relativa a los modos de solución de antinomias, por ejemplo, que fuerzan a buscar la ponderación, o bien, a eliminar una norma), de un concepto o de una teoría (por ejemplo, y sobre todo, la teoría de la jerarquía de normas), de una argumentación, etc. Los condicionamientos sobrellevados pueden tener efectos sobre la posición de un actor jurídico o sobre su comportamiento, de inmediato o en el futuro; lo que evidentemente supone que pueda existir una verdadera estrategia de condicionamientos: que estos sean producidos también por otros actores, con el fin de hacerlos vinculantes.

Sección 4
Por una teoría de la regularidad jurídica

La teoría de los condicionamientos parece poder proporcionar herramientas de explicación de las primeras decisiones: por cuáles razones un significado ha sido adoptado y tomada una decisión. Esta esclarece las causas posibles.

Pero la regularidad de las decisiones o de las atribuciones de significados (su reiteración), que solo autoriza para identificar las normas en el sistema, debe poder también explicar de manera causal si se persigue una concepción empirista de la ciencia del derecho.

Puesto que la norma *N* tal como se definió (cap. III) resulta de la (es causada por la) relación de *P* con *S*, y esas cuestiones escapan ampliamente a la posibilidad de una descripción, sería tentador deducir de aquello que una ciencia del derecho no es posible *in fine*, es decir, que no hay regularidad (lo que por una u otra razón negaría la posibilidad de una ciencia del derecho). La primera alternativa puede descartarse al recordar que si el mundo es el objeto descrito por la ciencia, es del todo posible que no podamos sin embargo describir todo lo que constituye ese mundo, y comprobando que sobre el fundamento de una postura positivista y empirista el cuerpo cognitivo existe. La segunda debe descartarse, ya que los hechos muestran al menos dos elementos de regularidad: en los comportamientos y en las razones normativas. A decir verdad, esta regularidad es planteada por los realistas aun cuando afirman un escepticismo con respecto a las reglas, sobre todo mediante la idea de pronóstico: afirmar que tal prescripción constituye derecho válido (vigente, existente) equivale a pronosticar que esta prescripción se utilizará como motivo para la decisión en un futuro acto de concretización.

Como se ha visto, desde el punto de vista de la teoría general el *derecho que existe* significa el conjunto abstracto de ideas normativas que sirven como guía de interpretación para el fenómeno del derecho en acción, lo que significa a su turno que esas normas son en efecto seguidas y que lo son porque se percibe y se tiene la experiencia de que son obligatorias en la sociedad (Ross). Ya se han evocado algunas razones por las que las normas son efectivamente cumplidas por el cuerpo social en su conjunto (es decir, con una marginalidad aceptable, tanto en el ámbito social como, sobre todo, desde nuestro punto de vista, en el cognitivo: con el fin de elaborar un proceso de verificación). Estas surgen en esencia de una teoría sociopsicológica de la recepción del discurso prescriptivo. Estas actúan, en proporciones variables según los individuos, sobre fenómenos físicos (la presión del poder contra ciertos comportamientos) y fenómenos de creencia (sobre todo la idea de legitimidad del poder, la idea de obligación y el sentido moral) que se manifiestan en esta tarea de pseudorracionalización que reconstruye el orden humano como norma válida. Recuérdese que hemos subrayado que la educación (sobre todo moral), la cultura y la información participan bastante en esta tarea de pseudorracionalización. No parece muy fácil dudar de que la mayoría de los ciudadanos están persuadidos de que existen obligaciones, que varios de ellos se someten a estas (por razones muy variables) mientras que para otros se trata tan solo de comprender que esas obligaciones aceptadas por otros son elementos para tener en cuenta. Y es probable que detrás de esta representación de obligaciones se trate de enunciados de poder, es decir, de directivas práctico-morales, e incluso (al menos en una democracia) detrás de esas directivas, de la idea de la legitimidad misma del poder y del procedimiento de enunciación que constituyen el fundamento de esta representación de validez, más que una teoría de la norma.

Sin embargo, aquello solo interesa de manera indirecta a la ciencia del derecho, y es a otra concepción de la regularidad a la que debe sujetarse: la correspondiente a la regularidad de los soportes normativos planteados para los actos de concretización, es decir, la construcción de la ideología normativa de un cuerpo profesionalizado. Debe en efecto responder a la siguiente pregunta: ¿cómo se pasa de la subjetividad de la norma propuesta en la hipótesis teórica empirista ($P \times S$) a una regularidad comprobada en los actos de concretización (sin la cual por otra parte la formalización de la proposición prescriptiva según la cual la norma existe y la verificación de esta proposición serían imposibles)?, en particular en los actos de concretización dotados de relevancia en razón de su situación estratégica (en particular, como se ha dicho, el hecho de que esos actos no sean discutibles o discutidos en nombre del derecho) y por la autoridad social que tanto el cuerpo social como el cuerpo profesional les conceden. Así mismo, esta cuestión se puede aprehender de manera sociológica. Puede sobre todo aprehenderse más específicamente desde el punto de vista de la relación causal entre un hecho (sobre todo un enunciado) y otro hecho (un enunciado relativo a normas). En ese sentido también debería desarrollarse la teoría de los condicionamientos jurídicos o plantearse una teoría de la regularidad jurídica propiamente dicha.

La hipótesis sería que, si es posible hacer la determinación de la norma de manera libre en cuanto ella resulta de un acto de voluntad (una decisión: $P \times S \rightarrow N$), las causas dan cuenta de cómo el campo de lo posible se restringe de manera fáctica, explicando la *regularidad* en la constitución de la ideología normativa (la intersubjetividad). Esas causas son muy numerosas. De acuerdo con una teoría de la ciencia del derecho, se trata siempre de identificar particularmente las causas que estarían ligadas al sistema jurídico.

Los condicionamientos (*contraintes*) que conducen a la norma N pueden entonces formalizarse en tanto intervinientes dentro del proceso de reproducción: de manera analítica, con la hipótesis de cierta racionalidad del juez (la conciencia del contexto y de las consecuencias de sus escogencias), de la cual sabemos que no es empíricamente verificable; de forma empírica y eventual, al poner en evidencia ciertos condicionamientos (*contraintes*) efectivos.

Se incluirán para este análisis tres condicionamientos, que por ejemplo pueden ser jurídicos dentro de una teoría de la regularidad, incluso si no lo son para una teoría estricta de los condicionamientos jurídicos. Primero, el hecho de que las autoridades de concretización se encuentren bajo la autoridad jerárquica de otras autoridades (carrera judicial, poderes jerárquicos en la Administración, posibilidad de consulta, apelación o casación, etc.). Segundo, el hecho de que las autoridades, en función de sus interpretaciones, tendrán que hacer frente a un flujo más o menos grande de decisiones por proferir (ligadas a la imprecisión o precisión de la percepción normativa, en particular por medio de su formulación). Y tercero, el hecho del flujo contencioso ligado a la decisión (que encontramos, por ejemplo, cuando una autoridad de cierre puede cuestionar una interpretación normativa que sustenta un acto de concretización, pero no lo hace porque el recurso a la autoridad última va a parecer un medio eficaz para discutir múltiples actos de concretización; discusiones que, en últimas, la autoridad de cierre no puede afrontar). Aquí, el ejemplo de la Corte Europea de los Derechos Humanos constituye un caso visible, sobre todo en cuanto a la interpretación del artículo 8.° de la Convención Europea para la Salvaguarda de los Derechos del Hombre y de las Libertades Fundamentales.

Léase también:

KELSEN, H., *Théorie pure du droit*, Paris, LGDJ, 2004.

TROPER, M., "Marshall, Kelsen, Barak et le sophisme constitutionnaliste", en E. ZOLLER, *Marbury vs Madison, un dialogue franco-américain*, Paris, Dalloz, 2003.

TROPER, M.; CHAMPEIL-DESPLATS, V. y GRZEGORCZYK, C. (dirs.), *Théorie des contraintes juridiques*, Paris, LGDJ, 2005.

ÍNDICE ALFABÉTICO

Editado por el Departamento de Publicaciones
de la Universidad Externado de Colombia
en agosto de 2016

Se compuso en caracteres Palatino de 10 puntos
y se imprimió sobre Holmen Book Cream de 60 gramos
Bogotá (Colombia)

Post tenebras spero lucem

Made in United States
Cleveland, OH
05 November 2026

47643410R00115